山东外事职业大学通识教育系列教材

君子文化教育

JUNZI WENHUA JIAOYU

总策划 孙承武

主　编 魏伯河
副主编 李心霞　颜廷燕　陈淑芳

济南出版社

图书在版编目（CIP）数据

君子文化教育 / 魏伯河主编 . — 济南：济南出版社，2023.9（2024.8 重印）

ISBN 978-7-5488-5878-2

Ⅰ.①君… Ⅱ.①魏… Ⅲ.①中华文化－职业教育－教材 Ⅳ.①K203

中国国家版本馆 CIP 数据核字（2023）第 168795 号

山东外事职业大学通识教育系列教材

君子文化教育

JUNZI WENHUA JIAOYU

总 策 划　孙承武
主　　编　魏伯河
副 主 编　李心霞　颜廷燕　陈淑芳

出 版 人　谢金岭
责任编辑　梁　浩
装帧设计　刘雪晴　谭　正

出版发行　济南出版社
地　　址　山东省济南市二环南路 1 号（250002）
总 编 室　0531-86131715
印　　刷　济南鲁艺彩印有限公司
版　　次　2023 年 9 月第 1 版
印　　次　2024 年 8 月第 2 次印刷
开　　本　185mm×260mm　16 开
印　　张　11
字　　数　210 千字
书　　号　ISBN 978-7-5488-5878-2
定　　价　21.00 元

如有印装质量问题 请与出版社出版部联系调换
电话：0531-86131716

序

孙承武

魏伯河老师主编的《君子文化教育》与大家见面了，这是我们共同期待已久的好事。本书梳理了中国传统文化中君子文化的精华，吸纳了当代君子文化研究的最新成果，是君子文化教育的很好的教材。我事先阅读了本书的部分篇章，感到很受教益。本书的问世，使我校把君子文化教育做深、做细、做实有了进一步的条件。值此本书问世之际，我想和大家说几句心里话，权当序言。

育人是学校的使命。育什么样的人、如何育人？党的教育方针和《中华人民共和国教育法》都有明确的规定。这是我们的育人目标。但教育在科学性之外又是富有艺术性和创造性的工作，不可能千篇一律、整齐划一。中国的教育与国外的教育有明显的区别，每个学校在育人方面也应该有自己的特色，每位教师的授课、每位学生的学习也都会有自己的个性。我们知道，成功的学校往往是有鲜明特色的学校。我们学校从创办以来一直追求办出自己的特色。作为一所职业类院校，专业技术的培养当然十分重要，但学生仅仅掌握了某种专业技术、其他方面未能全面发展，未必是社会需要的合格人才，学校也不能算是很好地完成了育人任务。当前的教育专业、课程分科很细，学生往往重视专业知识的学习，而对通用知识尤其人文科学的知识了解很少，导致只见树木、不见森林，是一个明显的弊端。为此，我们探索形成了"外事知识+外语能力+专业技术+综合素质"的人才培养模式，已经取得了良好效果。

"综合素质"内容很丰富，人文素养是其中的重要内容。有没有人文素养，彰显着人的文明程度，也直接决定着育人质量。习近平总书记在庆祝中国共产党成立100周年大会上的讲话中提出"坚持把马克思主义基本原理同中国具体实际相结合、同中华优秀传统文化相结合"。党的十九届六中全会将"两个结合"表述写入《中共中央关于党的百年奋斗重大成就和历史经验的决议》。党的二十大报告又对为什么进行"两个结合"、怎样实现"两个结合"进行了科学阐释。这为我们如何更好育人指明了方向。我们认为，人文素养教育必须与中华优秀传统文化相结合，以中华优秀传统文化为根基。中国传统文化是一个巨大的宝库。在这个宝库中，有许多需要继承和弘扬的精品。而其中非常有代表性、非常具民族性的应该是君子文化。因为君子是炎黄子孙共同推崇的理想人格的代表，是中华儿女在五千年文明史中独特的集体创造。君子文化流淌在每个中国人血脉里，是人们交流的桥梁和纽带，已积淀成为中华民族的遗传基因。做君子是绝大多数中国人的价值标准和人生追求。可以说，中华民族繁衍昌盛，中华文明生生不息，与伟大的君子精神密切相关。那么，到了现代社会，君子文化会不会过时、会不会与社会主流要求格格不入呢？对此完全不必担心。研究证明，君子文化与社会主义核心价值观、与我们的教育方针和育人目标、与现代社会公民的要求、与社会转型道德重建的趋势都是相容的。我们今天倡导君子文化，当然要经过创造性转化和创新性发展，使之更加符合时代的要求。当代君子人格的价值内涵，应当贯通并蕴含中华优秀传统文化的君子人格、近代以来形成的革命文化所滋养的君子人格、当代中国社会主义先进文化所孕育的君子人格。我们培养的新时代君子，应该是在时代发展中走在前列的优秀人物。他们在做好自己分内工作的同时，还将拥有全人类共同价值，为中华民族的伟大复兴、为构建人类命运共同体做出更多的贡献。

事实上，尝试实施君子文化的地区和单位已经很多。我们学校主校区所在的威海市在2015年3月就提出"君子之风·美德威海"的口号，深入实施文明市民培育工程，探索以君子人格为切入点的社会主义核心价值观培育和践行机制。我校把君子文化作为教育方针中与德育对应的重要教育内容是从2020年开始的。在2020年初的山东省政协会议上，我作为省政协委员提交了《关于以培养君子人格为核心在高校开展通识教育的建议》。不久，中华职教社副总干事杨农先生到我校调研，谈起此事，他热情支持，认为应该大力倡树君子文化，培养学生做新时代的君子。随后，我们召开了各层次的座谈会，广泛听取大家的意见，逐步统一了认识。我们认为，在学校全面倡导并认真施行君子人格培养，以其为总抓手，有利于把教书与育人、把专业教育与通识教育紧密地结合起来。学校提倡的君子人格的完整内涵应包括道德品质、远大志向、君子风度、勤学笃行、高雅志趣等五个方面。其中，道德品质包括仁爱精神、义利观念；远大志向包括理想信念、社会责任、家国情怀；君子风度包括心胸豁达、遵礼守信、和而不同；勤学笃行包括一专多能、知行合一；高雅志趣包括艺体爱好、善交益友等。五个方面的关系是：道德品质是本质内核，远大志向是行动纲领，君子风度是外化形式，勤学笃行是实现路径，高雅志趣是重要方法。道德品质、远大志向与君子风度侧重于从认知层面阐发传统君子人格对当代青年人格修养的理论启示，勤学笃行、高雅志趣则侧重于从实践层面描述其行为表现。认知层面的理论启示是行动的前提和基础，行为表现是理论的归宿和落脚点，二者相辅相成，知行合一，构成君子人格培养的完整体系。我们进一步联想到，学生一年当中有大量的课余时间，要开展许多课外文化活动，但是由于缺乏统筹安排，活动名称不统一、时间不确定、参与不普遍、缺乏可持续性，教育的效果并不明显。在深入、综合考虑的基础上，我们把每年的课外文化活动主要归并为五个专题节日活动，每个节日活动时间一个月，分别对应德智体美劳五个方面。3月份为君子文化节，4月份为读书节，5月份为工匠节，10月份为体育节，11月份为艺术节。相应活动相对集中于各个节日月份之中开展。集中活动应以全学年随时开展的常规活动为基础，与日常活动相辅而行，并对日常活动发挥引导和展示作用。2021年1月，我校发布了《关于进一步提高校园文化活动水平的意见》，对各个节日的时间、意义、活动内容、负责部门等均做了明确规定，要求全员参与，以教师为主导，以学生为主体，形成具有教育性、创新性的群体活动。从此，"五节"成为学校课外文化活动的常规，并取得了比较明显的成效。人社部《中国人才》杂志2022年第12期以《五节助力五育，点亮青春之光》为题进行了专题报道。

具体到君子文化节的活动内容，三年来，我们主要从以下几个方面着手：一是邀请专家学者来校做专题报告，让学生逐步加深对君子文化的理解；二是与学雷锋活动相结合，鼓励学生讲文明做好事，排查并纠正不文明行为，创建文明校园；三是利用威海、乳山、济南本地丰富的红色资源，开展"树立君子品格，传承红色基因"主题教育活动；四是开展"君子文化节"主题征文、演讲大赛、书法大赛等内容丰富的比赛，通过比赛的形式，创设争先氛围；五是从第二年开始，组织"时代君子"评选活动，每年评选100位时代君子，其中教职工10名，学生90名，学校予以公开表彰并宣传报道。

三年来，尽管受到疫情影响，有时活动的开展也受到局限，但我们坚持开展君子文化节和君子文化教育，教育效果正逐步显现，师生争当时代君子、努力工作学习，精神面貌正发生深刻变化。学校的发展也进入了快车道。实践证明，实施君子文化教育完全必要、也是非常重要的。现在，我们广泛吸纳学界研究成果编写的《君子文化教育》作为校本教材正式出版，为这方面的教育活动提供了资料，增加了助力。随着教育活动的深入开展，我们有充分的理由相信，我校涌现出的新时代君子将会越来越多，越来越富有典型性，我们的校园将越来越文明，我们的学校将越来越好。

《君子文化教育》的编写尚属初步尝试，可能存在不少需要讨论修订的地方。希望老师和同学们，以及更多读者在教学、阅读使用过程中发现问题或不足之处，及时与编者联系，以便进一步改进、完善。

2023年8月1日

前　言

君子是炎黄子孙共同推崇的理想人格的代表，是中华儿女在五千年文明史中独特的集体创造。本来，最初的"君子"是对统治者阶层人士的泛称，但自孔子引申了"君子"的涵义，为其赋予了更多道德内涵，通常指有崇高道德水平和道德追求的人，对社会地位的强调逐渐弱化。此后孟子、荀子等儒家先贤对"君子"的内涵和外延又有较大拓展，从此形成了源远流长的君子文化。可以说，中华民族之所以繁衍昌盛，中华文明之所以生生不息，正是源于伟大的君子精神。

我们知道，世界上有四大古文明，分别是古埃及文明、古巴比伦文明、古印度文明和古中国文明。但在历史的长河中，其他三大文明相继发生断层、衰落、夭折，只有中华文明延续至今，且历久弥新。其原因何在？一般认为，主要有三大原因：一是其他三大文明古国历史上多次被外族侵占，本国文明被外来文明取代；二是其他三大文明古国创造的古老文明，多以物化形式存在，而物化的文明经不起时间的"摧残"，逐步从人们的视野中消失；即使保存下来的也是寥寥无几，给予后人的只是残缺不全的历史记忆。三是其他三大文明古国曾经的辉煌成就，大多体现在自然科学方面，而社会科学相对滞后，缺乏产生于本民族实践、又能代表本民族意愿、促进本民族发展壮大的历史传统文化，特别是在如何推进人、社会、自然的发展，如何处理相互之间的和谐共进关系等方面显得更为薄弱，从而使历史文明因极度缺少凝聚本民族的思想灵魂、精神基因而无从传承。中华文明则不仅在物化方面丰富多彩，在精神层面更加系统广泛，同时为中华民族所认同、所秉持，并传承至今。我们对此应该有基本的认识。

——　一　——

君子文化是中华民族独特的精神标识。君子是中华民族特有的文化概念，也是中国人独特的理想人格。

1

君子文化是中华文明道德精髓的集中体现。习近平总书记说："中华传统美德是中华文化精髓，蕴含着丰富的思想道德资源。不忘本来才能开辟未来，善于继承才能更好创新。"在党的二十大报告中，习近平总书记指出："中国共产党人深刻认识到，只有把马克思主义基本原理同中国具体实际相结合、同中华优秀传统文化相结合，坚持运用辩证唯物主义和历史唯物主义，才能正确回答时代和实践提出的重大问题，才能始终保持马克思主义的蓬勃生机和旺盛活力。"这一科学论断充分彰显了中国共产党人推进马克思主义中国化的历史自信、文化自信和现实关怀。在2023年6月2日的文化传承发展座谈会上，习近平总书记重点阐述了"第二个结合"，即马克思主义基本原理与中华民族优秀传统文化相结合的问题。习近平总书记从"结合"的前提是彼此契合、"结合"的结果是互相成就、"结合"筑牢了道路根基、"结合"打开了创新空间、"结合"巩固了文化主体性五个方面展开论述，这是我们党对中华文明发展规律的深刻把握，表明我们党的历史自信、文化自信达到了新的高度，也彰显了我们党在传承中华优秀传统文化中推进文化创新的自觉性达到了新的高度，为铸就中国式现代化的文化形态指明了方向。可以说，君子文化就是中华文化的主体性代表。我们要弘扬中华优秀传统文化，就要努力塑造君子人格，争做新时代的君子。

君子文化是涵养社会主义核心价值观的重要源泉。习近平总书记强调："培育和弘扬社会主义核心价值观，必须立足于中华优秀的传统文化"，"使中华优秀传统文化成为涵养社会主义核心价值观的重要源泉。"作为中华传统文化的精华，君子文化既可以让我们中国传统哲学思想盛开传承创新的时代花朵，也可以让社会主义核心价值观引发中华民族的基因共鸣。如果我们能按照习近平总书记的要求，"古为今用，推陈出新，有鉴别地加以对待，有扬弃地予以继承"，对君子文化做好创造性转化和创新性发展，接上民族传统文化的根，社会主义核心价值观就会更有生命力，更具活力。因此，提倡和弘扬君子文化，有助于培育与践行社会主义核心价值观。我们大力提倡君子文化、弘扬君子文化，能够在爱君子、做君子、敬君子的社会氛围中潜移默化地培育起社会主义核心价值观，造就越来越多践行社会主义核心价值观的君子。这样的君子，也必然是社会主义的优秀公民。

倡导与弘扬君子文化，有利于形成重视美德的良好社会风气。无论何时何地，无论社会如何变化，君子所具有的基本美德并没有发生根本的改变。当然，我们今天讲的君子，是新时代的君子，其内涵和外延与传统君子有所不同，已经经过创造性转化和创新性发展。即便如此，君子文化所倡导的美德依然熠熠生辉，在个人自我修养、协调社会关系、促进国家及国际和谐方面仍然发挥着重要的作用。尤其是君子文化将"德"置于人之众多美德首位的做法，在今天仍有借鉴价值。我们国家在选拔人才、任用领导干部时所遵循的原则正是君子文化一直以来所推崇的德才兼备、以德为先的核心理念。

2023年3月15日，中共中央总书记、国家主席习近平在中国共产党与世界政党高层对话会上发表题为《携手同行现代化之路》的主旨讲话，基于中国式现代化的探索与实践作答人类社会现代化之问，并首次提出全球文明倡议："我们要共同倡导弘扬全人类共同价值，和平、发展、公平、正义、民主、自由是各国人民的共同追求，要以宽广胸怀理解不同文明对价值内涵的认识，不将自己的价值观和模式强加于人，不搞意识形态对抗。"不难看出，君子文化与全人类共同价值——和平、发展、公平、正义、民主、自由也是完全相通的。正如鲁迅先生所说："只有民族的，才是世界的。"独具民族特色的君子文化，经过现代科学阐释，也将为世界大多数人所接受。以各种方式向国外宣传、展示君子文化，对促成全人类共同价值、构建人类命运共同体，也将发挥积极而重要的作用。每一个想做君子的人，也都应该具有这样的天下情怀。

与君子相对的概念是小人。中国人都知道要做君子，不做小人。但一个人是君子还是小人并不是与生俱来的。本来，古代最初的"小人"是指一些社会地位低下的人，并不代表道德水平一定低下。在君子概念的演变中，君子被赋予愈来愈多的高级的人品道德属性，与之相对的小人也同时被赋予了愈来愈多的低下的人品道德属性，二者最后演变成为一组纯属道德文化的对立概念。在现实生活中，君子与小人其实是密不可分的：没有小人，无以显君子；没有君子，无以见小人。二者互为对比，形象鲜明，使人印象深刻。但君子和小人的划分，并不一定出现在两个族群之间，同一群人，甚至同一个人，自身也会有君子成分和小人成分的纠葛和较量。一个人长期修养、成为君子的过程，是坚持追求君子人格、向古今君子学习的过程，也是不断地克服、战胜其自身小人成分的过程。明确这一点，就会知道，无论你现有基础多差，身上遗存了多少小人成分，但只要有追求君子人格的崇高目的，下决心做一名君子，幡然改进，弃旧图新，认真学习君子文化，不断地加强道德修养，塑造君子人格，就可以成为一名受人尊敬的君子。

总之，君子文化崇尚一种至善至美的理想型人格，而这种人格犹如一盏璀璨的明灯，其光芒穿透了漫长的历史时空，至今仍在照耀着中华儿女的前行之路。不过也应该看到，几千年的文化传承，君子概念妇孺皆知，文献资料汗牛充栋，但君子理论的系统研究、君子内涵的深入发掘，特别是君子文化的创新发展，学术研究领域还在探索研究之中。至于在社会上倡导、形成君子之风，更是一个迫切而长远的任务。

需要注意的是，随着时代的变化，君子的内涵与外延也会发生变迁。例如，在传统社会中，所谓"君子"指的一般都是男性；而在现代社会中，男女平等，君子的外延必然涵盖了不同性别。提倡君子文化，培养君子人格，就是面对男女全体而言。君子文化与社会主义核心价值观、与现代社会公民道德规范的关系，也必须经过认真的研究，给予合理的阐释。而君子文化中一些仅适用于传统社会的内容和做法，在现代社会里也必然要受到摒弃。这些都需要守正创新、与时俱进。我们坚信，弘扬君子之道、倡树君子之风、培养君子人格，必将使君子文化这株传统文化森林中郁郁葱葱的千年老树，在新时代抽出新的枝条，长出繁茂的绿叶；同时也使培育和践行社会主义核心价值观因获得君子文化庞大根系扎根传统的丰厚滋养，产生源源不断的创新动力。

二

文化是学校的灵魂，鲜明的文化体系可以展现学校特有的文化风采，汇聚无穷的育人力量，成为学校发展的不竭动力。多年来，我校高度重视学生的做人教育，探索继承弘扬中华优秀传统文化和践行社会主义核心价值观相结合的路径，取得了一定成绩。在我们培养的学生中，已经涌现出以被授予"全国优秀共青团干部"称号的第27任"雷锋班"班长牟振华和"全国乡村振兴青年先锋"常彦磊为代表的大批优秀人才。倡导君子文化，树立君子之风，是我校近年来确定的校园文化建设的重要内容。我们认为，在学校全面倡导君子文化并认真施行君子人格培养，以其为总抓手，有利于把教书与育人、把传统与现代、把专业教育与通识教育紧密地结合起来。2021年1月，我校把每年3月份定为"君子文化节"。君子文化教育在我校扎实地开展起来。在长期培养中，学生将逐步形成现代君子人格，成为道德扬善、科学求真、技能致用，具有自律精神和合作意识、人格尊严和优良品行、勇于担当和负起责任、文化教养和审美能力、实践能力和创造力的当代君子。可以预期，经过长期的君子文化教育，我校将涌现出越来越多的具有君子人格的时代新人，君子文化教育也将形成我校鲜明的教育特色。

作为当代大学生，应该怎样塑造君子人格，使自己成为新时代的君子？我们认为，主要应做到以下几点：

第一，要有达成理想人格的强烈愿望和不懈追求。人有许多基本需求，如衣食住行等，基本需求如不能得到保证，人就很难生存。但仅仅满足于基本需求，人就和动物没有多大区别。因此，人还必须追求一种理想的人格。君子就是中华优秀传统文化的理想人格，就是中华民族道德经验和道德情感的人格体现。几千年来，君子文化携带着中华民族的道德基因，滋养着中华民族的道德理想，传承着中华民族的道德血脉。人无德不立，国无德不兴，君子文化是我们今天立人兴国的道德基础。对此，我们要保持对理想君子人格的强烈愿望和不懈追求。只有具备了理想的君子人格，才能成为对社会有益、对人民有用的新时代君子，成为一个大写的人。否则，尽管掌握了不少知识，也取得了较高的学历，但在做人上出了问题，就会成为一个"精致的利己主义者"，最终为人民所唾弃。

第二，要对君子、君子人格、君子文化的知识有较多了解。追求君子人格、争做新时代的君子，对君子概念及其演变、君子人格与现实价值、君子类型与现代社会、君子的修行之道、君子人格与公民身份的关系、君子人格与家国情怀、君子人格与仁道担当、君子人格与树人体系乃至君子人格与人类命运共同体等许多重要内容都要有充分的了解。有了对这些问题的清醒认识，就会知道在人生面对的诸多选择面前，如何做出正确的选择。如果对这些缺乏必要的了解和认同，仅仅知道君子是好人，希望自己被人们称为君子，而不明白君子应该怎样做、怎样才能成为君子，是不可能达成愿望、成为新时代的君子的。

第三，要有长期修身、不断进取的打算。做君子不像学习某一门课程，完成课业、掌握了基本知识内容、考试合格就算完成了学业。做君子是一辈子的事。通过学习有关知识，并从各个方面加强修养，达到了君子的标准，甚至被授予某种荣誉称号，这只是一个阶段的目标。要想真正成为君子，还需要持久不懈地努力修为。君子的一个重要修身之道是慎独，无论是大庭广众之下还是个人独处，都应该按君子的标准严格要求自己。如果人前一套、背后一套，就成了伪君子。一个具有君子人格的人，除了平时表现为君子风范之外，在重大困难、严峻考验面前，也会表现出君子风骨，不惜牺牲个人的利益。

三

为了使大家更深入地理解君子文化的内涵，了解君子文化的要义，并见贤思齐，在学习、工作、生活中自觉按君子的标准要求自己，逐步形成君子人格，成长为新时代的君子，我们搜集大量资料，广泛吸纳学界研究成果，编写了这本《君子文化教育》一书，供大家阅读参考。

需要说明的是，由于君子文化属于中华传统文化范畴，我们在编写行文中不可避免地要大量引用古代文献，主要是先秦文献。这会给大家的阅读带来一定的困难。对此，我们尽可能地随文加以阐释性说明；不便于说明的，则在括号中附以白话译文。尽管如此，阅读并读懂本书，仍要下较大功夫。相信大家会把阅读本书作为一次重要的学习机会，通过阅读和思考，了解君子的古今含义，理清君子人格塑造和诸多方面的关系，自觉追求君子人格，共同营造当今社会的君子之风。

受水平及资料所限，本书的编写还只是初步尝试，肯定还存在不少缺点和不足。大家在阅读中有何意见和建议，请及时反馈，以利于进一步修订。

目 录

第一章 君子概念及其演变

🌀 阅读提示 🌀

　　"君子"是中国传统文化中的一个重要概念，"君子人格"是中国以儒家为代表的传统人士的理想人格。在几千年的文化传承中，君子概念发生了一些重要的变化。我们今天提倡君子文化，培养君子人格，应该了解这样的演变过程。"君子"一词问世于西周初年，最初是对统治者的泛称，常常与被统治的百姓、民众相对立。春秋时期，孔子为其赋予了更多道德内涵，通常指有崇高道德水平和道德追求的人，对社会地位的强调有所弱化。战国时期，孟轲、荀况又从不同方面发展了君子文化，君子含义基本定型。

　　在中华民族遗存的最早典籍（甲骨文之外）中，都可以见到"君子"一词。《说文解字》："君，尊也。从尹；发号，故从口。""君"本来指当时的国君，是拥有权力、发号施令之人；"子"是对男性的尊称。"君子"最初是对统治者的泛称，常常与被统治的百姓、民众相对立。据传世文献可以判定，"君子"一词最初问世于西周初年。有人统计，"君子"在《尚书》中出现8次，在《诗经》中出现186次，在《周易》中出现122次。不过，从早期的文献中可以发现，在孔子以前，"君子"二字原义主要是指尊贵的、有社会地位的统治者或是直接指代统治者，只有少数用例涉及道德范畴。春秋时期，孔子引申了"君子"的含义，为其赋予了更多道德内涵，通常指有崇高道德水平和道德追求的人，对社会地位的强调有所弱化。孔子对"君子"含义的引申和阐发，最明显的体现便是在《论语》之中。"君子"在《论语》中共出现107次，其中出自孔子本人之口的就有84次。这些用例中，表示原义即指代有尊贵地位的统治者的仅有10处，其余97处皆是在构建其道德体系中的君子形象。而在孔子之后，孟、荀又从不同方面发展了君子文化。据统计，《孟子》中"君子"出现82次，《荀子》中"君子"出现297次。此后君子的含义主要指有崇高道德水平和道德追求的人。既然打破了阶级、地位的局限，君子群体便日益壮大。历史上就有"自汉以来，天下贤人君子，不可胜数"的说法。如同"英雄不问出处"一样，出身寒微，亦可成为君子。君子从阶级、身份标识转向道德、审美意旨，从符号性到具象性，从庙堂到民间，从贵族到平民，从精英到大众，君子的身份变迁昭示了君子文化的包容性。

因此，可以说，中国的君子文化创始于《周易》，形成于《论语》，提高于《孟子》和《荀子》。此后经过历代学者的研究和阐发，特别是宋明理学的争鸣和探讨，一直延续至今，而君子人格则成为中国人的理想人格。

第一节 《周易》中君子文化的要义

《周易》是中华文化的源头，也是君子文化的早期集大成之作。《周易》时间跨度长，从西周到战国。《周易》分为经文、传文两大部分，其中经文部分形成于西周早期，传文部分形成于战国时期。经文部分称为《易经》（狭义），是蕴含哲理的占卜书；传文部分称为《易传》，是超越占卜的哲学书。

《周易》经文和传文都有对"君子"的表述，但含义有所不同。在《易经》卦、爻辞[1]中共出现20次，如"君子终日乾乾"（君子整天健强振作不已[2]），"君子有攸往"（君子有所前往），"君子几"（君子应当见机行事。几，通"机"），"利君子贞"（利于君子守持正固），"君子有终"（君子能够保持谦德至终），等等。其中有六处"君子"是和"小人"对举的，比如"君子豹变，小人革面"（君子像斑豹一样助成变革，小人纷纷改变旧日倾向），"好遁，君子吉，小人否"（心怀恋情而身已退避，君子可获吉祥，小人不能办到），"硕果不食，君子得舆，小人剥庐"（硕大的果实未被摘食，君子摘取将能驱车济世，小人摘取必致剥落万家），"小人用壮，君子用罔"（小人妄用强盛，君子虽强不用）。要注意的是，《周易》卦爻辞中的"君子"和"小人"还不是道德价值概念，没有褒贬之分，仅是从社会地位角度区分的。

从卦爻辞中有关"君子"的描述可以看出，"君子"的行为要有约束，要有社会

---

[1]卦辞：卦辞是说明《周易》卦义的文辞。爻，组成《周易》卦的长短横道，即"—"和"--"。"—"是阳爻，"--"是阴爻。《周易》共六十四卦，每卦六爻，共三百八十四爻，加上乾、坤两卦各有一用爻，总为三百八十六爻。爻辞：指说明《易》六十四卦各爻象的文辞。

[2]本章所引《周易》译文均据黄寿祺、张善文撰《周易译注》，上海古籍出版社，2004 年。

担当，比如"君子终日乾乾，夕惕若，厉无咎"。因为君子做到朝乾夕惕，所以虽然危险但没有灾祸。"君子几，不如舍，往吝。"君子要把握时机，能够舍弃，否则继续前往会有危险。再看谦卦，谦卦的卦辞和六条爻辞都是吉的，这在六十四卦中是唯一的。其中三处讲到君子，卦辞"谦，亨，君子有终"；初六爻辞"谦谦君子，用涉大川，吉"；九三爻辞"劳谦，君子有终，吉"，将君子与谦虚的美德连在一起。

到了《易传》，"君子"则指品德高尚、学问高深、修养高超的人，与《论语》所说的"君子"含义相同。此后"君子"就成为中华民族道德典范的代称，也是中国人应该追求而又可以求得的人格形象。

《易传》中"君子"出现了107次。我们认为，按照《周易》乾坤并建、阴阳中和的思想特点，可将《周易》所说的君子人格归纳为乾刚坤柔两大特征。

一、自强刚健的天道精神

乾卦《象传》所说"天行健，君子以自强不息"。乾为天，乾为健，天的运行是刚健的，永不停息的。所以作为君子要像天一样，刚健坚毅，自强不息。乾卦六爻皆阳，是纯阳之卦。乾为马，乾为龙，所以乾卦精神也叫龙马精神。作为一个君子，首要条件就是必须按天道来做人做事，必须具备天道精神，具体表现为：自强不息、刚健坚毅、正气凛然、变易创新、与时俱进、拼搏进取、勤劳勇敢、仁爱礼义。

天道第一位的是"元"。乾卦的第一个字就是"元"。"元"的本义是头，引申为开头。《彖传》解释为"大哉乾元，万物资始，乃统天"（蓬勃盛大的乾元之气，是万物所赖以创始化生的动力资源，这种刚健有力、生生不息的动力资源是统贯于天道运行的整个过程之中的）。这一解释中，"乾元"上升为哲学本体，成为万事万物的本源，当然也是成为一个君子的首要条件。《易传》中的"天"既指自然之天，又指义理之天，准确地说是由自然之天引申出义理之天。自然之天是头顶上的天空，是运转不息的天体。由天上日月运行终而复始的规律，引申出天道的自强不息、刚毅坚卓。由天上太阳普照大地，引申出阳气开创万物，万物依靠阳气。

所以作为一个君子，最重要的特征便是具备天道刚健的德性。要自强不息，不断前进，不断向上。怎么才能做到这一点？关键在一个"自"字，因为天体是自己在那里运转的，如同乾卦六爻皆阳，从下往上，从始至终，保持阳刚，运行不止。君子要自发、自觉地与时俱进，拼搏进取，奋发不止。孔颖达在其编撰的《周易正义》中说："此以人事法天所行，言君子之人，用此卦象，自强勉力，不有止息。"

但这种不断进取又不是盲目冒进，而是与时俱进，"六位时成，时乘六龙以御天"（按不同的时位组合而有所成，就像阳气按时乘着六条巨龙驾驭大自然），在不同的时空点采取不同的行动。所以做一个君子，必须"知几""研几"，"几"就是预兆，就是时机。乾卦六个时空点，从初九到上九，每一步的做法都是不同的，比如九三时空点是第一阶段到头了，是一个危险时位，所以不能冒进，而要"终日乾乾，夕惕若"——朝乾夕惕，这样才能趋吉避凶。

君子的天道精神还体现为仁爱礼义。乾卦《文言传》说："君子体仁，足以长人；嘉会，足以合礼；利物，足以和义；贞固，足以干事。"君子行此四德者，故曰："乾：元、亨、利、贞。"（君子用仁心作为本体，可以当人们的尊长；寻求美好的会合，就符合"礼"；施利于他物，就符合"义"；坚持正固的节操，就可以办好事务。君子是施行这四种美德的人，所以说：乾卦象征天：元始，亨通，和谐有利，贞正坚固）仁、礼、义、智，这就是君子必备的四德。

二、厚德中和的大地品质

坤卦《象传》说"地势坤，君子以厚德载物"，意思是大地的气势宽厚和顺，所以君子应增厚美德，承载万物。因为大地是宽广的、是深厚的，大地能承载任何有形的东西。君子也要有这样宽广的胸怀和包容万物的品性。大地的厚德载物与上天的自强不息，共同构成中华民族的两大精神，也是成就一个君子应该具备的两大人格特征。

要做一个君子，必须具备的第二大特征就是要有大地坤卦的品质，具体体现为：厚德载物、包容宽厚、诚信笃实、中正和美、柔弱虚静、谦虚谨慎、居下不争。

什么是"厚德载物"？从字面上理解就是加厚品德，承载万物。"厚"和"载"都是动词。"厚德"和"载物"是并列关系。但如果深入探究，其实还隐含有因果关系。因为"厚德"，所以才能"载物"。厚德是因，载物是果。"物"可以理解为万事万物，包括财物，也包括精神上的财富。想要获得财富，就要做君子，要厚德，具备宽厚、包容、忍让这些坤卦之德。《象传》说："至哉坤元，万物资生，乃顺承天。"上天创始万物，居第一位；大地生成万物，居第二位，所以大地要顺应天道，传承天道。作为一个君子，要有"顺承"之德，要顺应自然、顺应时势。

做一个君子还要像大地坤卦那样具有中正之德。《文言传》说："君子敬以直内，义以方外。"君子恭敬一切，以使内心正直；行为处处循礼，以此方正外物。这就是

"直方大"——正直、端方、大气的品德。"君子黄中通理，正位居体，美在其中，而畅于四支，发于事业：美之至也"，就是黄色居于中位并通达文理，摆正位置，美德才能蕴藏于内心，把美德顺畅地流布在四肢，再进一步推广到事业上，就会美到极点。"黄"并不仅仅指颜色，而是指中位、中道。因为按照五行说，黄色为土，居中，在五德则为信。说明早在《易经》时代就重视中位，《易传》则要求君子应该崇尚中道、崇尚中和，应该诚信。

坤卦六爻皆阴，是纯阴之卦。作为君子要效法大地坤卦，柔弱虚静、谦虚谨慎、居下不争。《文言传》说："坤至柔而动也刚，至静而德方"（大地极为柔顺但变动时也会变得极为刚强，极为安静但柔美的品德却流布四方）。这一点为道家所推崇。

总之，作为一个君子，要具有乾刚、坤柔两大品德。乾卦的自强不息和坤卦的厚德载物是中华民族两大基本精神，也是儒家和道家两大价值取向，共同构成中华传统两大美德。一乾一坤，一阳一阴，一刚一柔，一儒一道，两者不是排斥的，而是兼容、互补的，共同形成刚柔并济、阴阳中和的君子人格。这就是《周易》留给我们的主要智慧。

第二节　《论语》中孔子的君子观念

孔子的君子观念，主要体现于《论语》当中。要准确理解孔子的君子观念，可从四个方面入手加以考察和把握：一是通过对"君子"与"学""道""命"（天命）相连的辨析，可知"君子"不是一般的人，而是如孔子那样立志于学天道、知天命的人。二是通过对"君子"与"仁""义""礼""智"相连的辨析，可知"君子"是达"天德"的人，即"己心"与落入具体事物中的"天心"（仁义礼智）合一的人。三是通过对"君子"与"小人"对比的辨析，可知他们之间的区别不但表现为道德上的善与恶和社会地位上的高与低，更表现为思维方式和价值观上的迥然不同，只有那种具有整体思维而又处在永恒觉悟过程中的人，才是真正的君子。四是通过对"君子"与"儒"相连的辨析，可知"君子儒"就是具有大思维、大觉悟的人，只有这样的人才能对重大的历史事件和重要的历史人物做出正确的评价。

一、君子与"学""道""命"（天命）

《论语》首篇首章，就讲到了"君子"。"子曰：'学而时习之，不亦说乎？有朋自远方来，不亦乐乎？人不知而不愠，不亦君子乎？'"（《学而》）这一章是《论语》全书的总纲，"学而时习之，不亦说乎"是核心，"有朋自远方来，不亦乐乎"与"人不知而不愠，不亦君子乎"是对核心的展开。这里的"君子"，与"学"紧密相连。所谓"有朋自远方来，不亦乐乎"讲的是有人来，而"人不知而不愠"讲的是没有人知，甚至没有人知道我这"心"中的说不出来的喜悦，我也没有什么不愉快，更不会产生怨恨之感。把"君子"与"学"连在一起，就是说"君子"是"志于学"的人。孔子说他十五岁就立志于"学"，其学生称他为"圣人"，他不接受，说"若圣与仁，则吾岂敢"（《述而》：如果说圣与仁，我怎么敢当呢[1]），但有人说他是"君子"，他却不拒绝，并且说："圣人，吾不得而见之矣，得见君子者，斯可矣"（《述而》：圣人，我是不能见到了，能见到君子就行了）。君子立志于"学"，学什么？学"道"。"君子"又是和"道"相连的。如《学而》篇说的"君子务本，本立而道生"（君子致力于根本，根本确立了，事物的基本道理就形成了），《卫灵公》篇说的"君子谋道不谋食，……君子忧道不忧贫"（君子谋求大道而不谋求食物。……君子忧患大道而不忧患贫困），《阳货》篇说的"君子学道则爱人"（君子学了道就爱护别人），等等，就是证明。《阳货》篇说的"君子学道则爱人"（君子学了道就爱护别人），等等，就是在孔子看来，"君子"是"知天命"的人。《尧曰》篇记载："孔子曰：'不知命，无以为君子也'"（不懂得天命，就无法成为君子）。孔子在讲到自己对生命的觉悟过程时曾说"五十而知天命"。李泽厚对"君子有三畏：畏天命，畏大人，畏圣人之言"（《季氏》：君子有三项敬畏，敬畏自然规律、敬畏有道德的人、敬畏圣人的教诲）的解释颇有见地。他说："'敬'乃人性情感心理，此处三畏似均宜作'敬畏'之'畏'解。它是'敬'的极度形态。……此'天命'一如'五十而知天命'章，并非特定外在超越对象，而可释作对自己存在及其有限性之深沉自觉（自意识），从而敬而畏，即在此有限性中更感生存之价值、意义与使命。"[2]在李泽厚看来，"三畏"都是"敬畏"的意思，是"敬"的极度表现形式。由于这个"天命"不是人"心"之外的"神"，而是生命的本体、整体，个体生命特别是人的生存价值、意义与使命，一刻都不能离开它，所以要对之"敬畏"。他又说："在孔子的时代，'王公大人'虽已没有德行，但还有一种似乎是'天'赐予的崇高地位，赋有神圣的职责任务，从而足可敬畏。"[3]意思是

[1]本章引用的《论语》译文均引自金良年撰《论语译注》，上海古籍出版社，2004年。
[2]李泽厚：《论语今读》，合肥：安徽文艺出版社，1998年，第393页。
[3]李泽厚：《论语今读》，合肥：安徽文艺出版社，1998年，第392页。

说，这里的"大人"是"天"的象征，只要他一天在位，一天在履行职责任务，你就要敬畏他，因为他是"天"的代表。实际上，你敬畏的不是"大人"本身，而是敬畏他的"地位"和"职责任务"，也就是敬畏"天"，因为他的"地位"和"职责任务"是"天"赋予的，是"天"之所"命"。

二、君子与"仁""义""礼""智"

孔子明确地将君子与"仁""义""礼""智"相连接。

首先，君子与"仁"相连。《里仁》篇说："君子去仁，恶乎成名？君子无终食之间违仁，造次必于是，颠沛必于是"（君子背离了仁的准则，怎么成就名声呢？君子任何时候都不违背仁的准则，匆忙时必定如此，颠沛时必定如此）。这里的"仁"，包含三层意思：第一，天地宇宙包含了一切生命"见闻觉知"（简称"知"）的能力。此即《大学》首句所言"大学之道，在明明德，在亲民，在止于至善"。"在亲民"，就是令一切"民"有生命的"明德"，即"知"的能力，这是整体对生命个体的爱，当然是"仁"。第二，不仅有这种能力，而且还能"明"这个"明德"，即能"知知"，这便是我们常说的"觉悟"。所谓"觉悟"，就是对生命本体或整体的把握。"觉悟"即"仁"，这个"仁"是天赐的，也是我悟的。第三，世间万事万物，无不是"仁"，无不是令一切生命"觉悟"的因缘，所以"明明德"也是"止于至善"的，一切善恶，一切善与不善，都是"至善"的显现。要言之，把君子和"仁"连在一起，就是说君子是仁人，是具有"知"和"知知"能力的人，也就是"明明德"的人、"觉悟"的人；这"觉悟"，是对"天"、对生命本体的"觉悟"，其"觉悟"的能力，则是"天"即生命本体赋予的。

其次，君子与"义"相连。《阳货》篇："君子义以为上"（君子把义作为最高准则）。《卫灵公》篇："君子义以为质"（君子把义作为根本）。《里仁》篇："君子喻于义"（君子只知晓义）。《里仁》篇："君子之于天下也，无适也，无莫也，义之与比"（君子对于天下的事情，没有固定的厚薄亲疏，只是按照义来行事）。"义"的本义是"宜"，冷必衣，饥必食，困必眠，……这便是最简单的"宜"。"宜"的复杂形态是"致良知"。"良知"就是"天心"或"道心"。"致良知"，就是在具体事物中，使"己心"合于"天心"，也就是"摸着石头过河"已摸到了石头。在摸到石头那一刹那，就是"义"，就是"己心"与"天心""道心"相合，这个"相合"，是"正刚好，无二择"。它和"仁"一样，也是一种"觉悟"，都是对生命本体的"觉悟"，所不同的是，"义"是可见的，而"仁"是不可见的。"义"既是"事"中之"觉"，亦是获得"良知"后的决心。"义无反顾"，就表明了这层意思。众所周知，繁体字的"義"字，是由"羊"和"我"组成。下面的"我"是"枕戈待旦"之"我"，即出兵打仗之"我"；上面的"羊"则是祭天，即问"天意"如何。"天"认为"宜"则"必行"，"天"认为"不宜"则"不行"。"不义而富且贵，于我如浮云"（《述而》）。暂时的、浅薄的、无关于我通"天"达"道"者，不管什么"利"，我都不取。"义"中可能有利，也可能无利，但终是大利于我，因为"天"的目的只有一个：步步引我大觉悟。可见，"君子"是在现实生活中真正觉悟的人，是觉悟之后能"义无反顾"的人。

再次，"君子"与"礼"相连。《易经》："君子体仁，足以长人；嘉会，足以合礼"。《雍也》篇："君子博学于文，约之以礼，亦可以弗畔矣夫"（君子广泛地学习古代的文化典籍，又以礼来约束自己，也就可以不离经叛道了）。《颜渊》篇："颜渊问仁。子曰：'克己复礼为仁。一日克己复礼，天下归仁焉。为仁由己，而由人乎哉？'"（颜渊询问什么是仁，孔子说："约束自身使言行合乎礼，就是仁。一旦能约束自身使言行合乎礼，天下就都归于仁了。成就仁完全靠自己，难道要仰仗他人吗？"）最后这段话，虽未出现"君子"二字，但比直接写出更好，因为这是现实中的"圣人"和"君子"之间的一次面对面的对话。

这里的关键，是要弄清"礼"的本义。"礼"在孔子学说中，是最为复杂的一个范畴。它有三层意思：第一，是生命本体之"礼"。"嘉会，足以合礼"，"嘉会"二字生动而又深刻。这是说，某个"相"、某件"事"、某个"过程"之所以能形成，是无量因缘"嘉会"即聚合的结果。这就是孔子所说的"义"。任何"义"又必须都是合于"礼"的。可以用打电话的例子来说明：打电话，看似简单，实是"宇宙—生命"系统一切因缘的合和：宇宙引力场的运动，宇宙射线的运动，地球电子层的运动，人对电子的发现，人对电子的运用，中国社会的进步，电子制造业的兴起，人的文明程度的提高，手机的普及，手机功能的多样性，电子商业化的发展，专业电子商的出现，……实在是永远也列举不完。这个例子完全可以说明"嘉会"足以"合礼"，即"义"必合于"礼"的问题。任何一个要素不合"礼"，这个"相"、这个"事"、这个"过程"就不会出现，即使出现，也不是这个"相"、这个"事"、这个"过程"。"礼"就是"宇宙—生命"系统各种要素，在"当下"的"嘉会"的秩序、过程。"礼"的第二层意思，是指祭祀的仪轨。儒家本来的职业是进行殡葬祭祀的，当年众多的"士"向孔子求学的主要动机，就是想学习各种祭祀的仪轨。如果说《礼记》的主要内容是祭祀仪轨的话，《论语·八佾》则主要是祭祀的"心法"要点。"礼"的第三层意思，是"内外一诚"的"心祭"。这是"礼"的本质所在。"事"之为事，乃因缘所定，只可"了"，不可"逃"。但"用心"则不然，必须随时诚敬己心，亦即诚敬天心。这就是李泽厚所说的"内外一诚"的"心祭"。"诚敬天心"，就是荀子所说的"天之经，地之纬，人之礼"，就是被王阳明解释为"条理"的"礼"，质言之，就是诚敬生命本体之"礼"。"诚敬己心"，就是《子罕》篇所载孔子讲的"四毋"："毋意、毋必、毋固、毋我。"意思是不要用自己的"意、必、固、我"去干扰正常的"天之经，地之纬，人之礼"的"条理"运动，也就是不要用主观意见去推断生命本体的运动，不要认为自己的主观意见一定是正确的，不要固执毫无正确可能的错误意见，不要把生命本体和生命载体混为一谈。孔子的"四毋"与他教育颜回的"四非"——"非礼勿视，非礼勿听，非礼勿言，非礼勿动"，其本义是一致的，都是讲"诚敬己心"。当你不以"意、必、固、我"和用违"礼"的"视、听、言、动"去干扰"天之经，地之纬，人之礼"的天理"条理"运动时，你便是"克己复礼，天下归仁"了。这个"心祭"之"礼"，亦是王阳明说的"致良知"，是要人们在每个最具体的事件中战战兢兢如履薄冰地去体会。久而久之，你心中的天地便会逐渐清朗起来，便会良知显现。此时，"天之经，地之纬，人之礼"也就统一为一体了，这才是孔子"礼"学的核心。

在孔子看来，"礼"与"义""仁"密不可分，但又不尽相同。"仁"是生命本体之德，亦即觉悟之德，它是不生不灭、永恒存在的，贯穿于"礼""义"之中。"义"，是觉悟的"仁"德在具体事件中的显现，它与"仁"不同，是随缘而来随缘而去、刹那生灭的。"礼"，是事物中包含的"义"与生命整体之"仁"所表现出来的秩序。"礼"随"义"而显，但"礼"一旦显相就可能沉淀下来，成为道德规范、祭祀礼仪，长存于人间。在一定条件下，它会走向自己的反面，成为"致良知"的障碍。

至此，孔子将君子与"礼"相连的意思表述得很清楚："君子"就是明白了生命本体在最具体事物中运动的和谐性、条理性、秩序性的人。

弄清楚了"君子"与"仁""义""礼"相连的真实意旨，对于"君子"和"知"（"智"）相连是指何而言的问题，也就不难理解了。因为前面讲过，"仁"这个生命本体，就是"觉悟"，就是"智慧"，它无影无踪，从不直接示人，只有通过"义""礼"方可见。"义""礼"是"仁"的表现形式，通过它们把握了"仁"就是"知"（"智"），即"智慧"。"知"（"智"）这个字，太重要了。"知之为知之，不知为不知，是知也"（《为政》）这段话是孔子思想的精髓。为了强调这一点，孔子又说："生而知之者，上也；学而知之者，次也；困而学之，又其次也；困而不学，民斯为下矣。"（《季氏》）这里的"学"，是学"智慧"、学"觉悟"。

现代人大多不懂得人类的"知"并不绝对是人类肉体感官的产物，肉体感官有生有死，而生命之"知"是不可能死的。既然"知"不可能死，也就无所谓"生"。相对于肉体的生灭，"知"本身当然可以是"生而知之者，上也"。而"学而知之"，恰恰是因为真正的"知"（智）被肉体感官遮掩了、阻挡了，要获得真知（智），就必须学会在后天摆脱对肉体感官物理功能的依赖，所以第二等的是"学而知之"。所谓"困而学之"，就是当自己发现命运之恐怖、环境之难堪，不得已而追问生命的根本时，才知道首先需要通过学习来"明心"，这就是"又其次"了。像现代人一样困在这一套动物感官中，不知其苦，反以为乐，"民斯为下矣"，其实就是甘做动物。

由上可见，以生命本体的根本表现形式，"知"（智慧、觉悟）为永恒追求目标者，就是"君子"，或者说，"君子"就是用实践理性的思维方式来实现"明明德""知天命"的人。

三、"君子"与"小人"

孔子讲"君子"还有一个最大特点，就是与"小人"对比起来讲。这在《论语》中共有14处，下面择要解析。

《宪问》篇的"君子上达，小人下达"（君子向上通达仁义，小人向下通达财利）。"君子"和"小人"的思维方式和价值观有着根本不同，正如《易传》所言："形而上者谓之道，形而下者谓之器"（居于形体之上的精神因素就叫作"道"，居于形体以下的物质状态就叫作"器"）。"君子"求"道"，所以其思维方式是整体的，是实践理性的，其价值观则是以"觉悟"即"智慧"为永久的追求目标。"小人"的思维方式和价值观则与"君子"迥异，因为他主张"下达"，主张求"器"，所以其思维方式只能是主客二分的，是为个人的生死、祸福、得失等肉身的需求所支配的。他没有远大的、永恒的理想追求，根本不知对生命本体的"觉悟"为何物，即不知"智慧"为何物。

《里仁》篇的"君子怀德，小人怀土；君子怀刑，小人怀惠"（君子关注德行，小人关注田宅；君子关注刑法，小人关注恩惠）这段话，也只能从思维方式和价值观角度来理解。因为这里的"德"，不是世间所说的"道德"，而是"天之德"，因为"德"

是"天"即生命本体运动的表现形式，或者说是包藏在最具体事物中的"天"。"君子"是时时关注具体事物中或国家刑法中的"天"即生命本体运动的人，而"小人"则是只关心自己生活和私利的人。关心生活和私利并没有错，错就错在未能看到生活和私利中所包藏的"天"或生命本体。这就是思维方式和价值观上差别的表现。"君子"能从具体的事物、从国家具体的法规中看到生命的本体——"天"的运动，这说明他有整体的思维方式和以"智慧"即"觉悟"为追求目标的价值观。

《子路》篇的"君子和而不同，小人同而不和"（君子可以与他周围保持和谐融洽的氛围，但他对待任何事情都持有自己的独立见解，而不是人云亦云，盲目附和；小人则没有自己独立的见解，虽然常和他人保持一致，但实际并不讲求真正的和谐贯通。）。董子竹认为："不管从哪种文化出发来观察，这个世界绝对是和而不同的，西方文化也承认这一点。但一到具体思维，整个西方文化也即现在所谓的现代文明恰恰忽略了这一点。这个文明的整体架构恰恰是同而不和。……是建立在思维方法的'概念同一性'的前提下的。"[1]在董子竹看来，中西方文明的不同，实质上是思维方式和价值观的不同，前者是以"明德"即生命的本体为追求和"觉悟"目标的，而后者则是以逻辑理性也就是主客二分的思维方式为其特征的，根本不能与"智慧""觉悟"的思维方式相提并论。

《为政》篇的"君子周而不比，小人比而不周"（君子团结而不勾结，小人勾结而不团结）。"周"，含团结之义；"比"，有勾结之义。"比"的结合，是同一利益者的暂时结合。要做到"周而不比"，必须与"道"合一，因为"道"是生命的本来面目，既包括生命本体，又包括生命本体的表现形式。它不是一般的概念，也不是世间所说的道德规范，所以，区别"君子"与"小人"的标准，归根到底不是道德，而是思维方式和价值观。"君子"能"周而不比"，是因为他与"道"相合；"小人"只能"比而不周"，是因为他不以"道"为自己的思维方式和价值追求。

《颜渊》篇的"季康子问政于孔子曰：'如杀无道，以就有道，何如？'孔子对曰：'子为政，焉用杀？子欲善而民善矣。君子之德风，小人之德草。草上之风，必偃'"（季康子向孔子咨询政务说："假如杀掉坏人，以此来亲近好人，怎么样啊？"孔子答道："你治国理政，干吗使用杀戮的手段呢？你企求善民众就会行善。在位者的德行是风，在下的人的德行是草，草遇上风必定会倒伏"）。孔子强调的还是生命

[1]董子竹：《论语真智慧——兼就教于钱穆、李泽厚先生》，武汉：长江文艺出版社，2012年，第309页。

整体的思维方式和生命大觉悟的价值观。他把"小人之德"的"德"（"知"），比作"草"，把"君子之德"的"德"（"知"），比作"风"，并说"草上之风，必偃"，风吹草，草必倒。"小人"的"小聪明"之力，是远不能与"君子"的"大智慧"之力相抗衡的。

《卫灵公》篇的"君子不可小知而可大受也，小人不可大受而可小知也"（君子不可以用小事来察知，却可以接受重任，小人不可以承担重任，却可以用小事来察知）。先看明代心学家李贽的"评"。他说："'不可小知'，犹言不可思议。'大受'正在'不可小知处'。若曰于细事未必可观，何以为君子？"[1]再看明代和尚藕益的解释。他在《论语点睛补注》中说："'不可小知'，不可以思议测度之也。'可大受'，如大海能受龙王之雨，能受众流之归也。小人反是。"他们都以是否具有整体思维方式和追求"觉悟"的价值观作为区分"君子"与"小人"的标准，这是可取的。特别是将"不可小知"，解为"不可以思议测度之"，即不可用主客二分的逻辑思维方法来认知"君子"，这是符合"君子"本义的。因为"君子"是与"道"合一的人，是整体思维的人，是以"觉悟"即"智慧"为价值取向的人。正是因为如此，所以他"可大受"，即具有包容一切的大智慧；"小人"则相反，由于他长于"小知"，所以他不可能有大海般的接纳百川的胸怀，只有小聪明，没有大智慧。

《卫灵公》篇的"君子求诸己，小人求诸人"（君子责求自己，小人责求他人）。"君子"和"小人"都有所"求"，所不同的是，前者"求诸己"，后者"求诸人"。这里的关键，是对"己"的理解。"求诸己"就是寻找真正的"自我"即生命的本来面目，其寻找的方法，就是马克思说的"人的本质力量的对象化"。换言之，生命及其对象化既不是一也不是二的关系，是人们找回真正"自我"的基本思想取向。这一取向，鲜明地体现了"君子求诸己"的整体思维方式和追求"觉悟"的价值观。如果说"君子求诸己"是寻找真正的"自我"，那么"小人求诸人"就是寻找肉体的"我"，就是为心外之物所牵，其思维方式只能是主客二分的，只能以满足"物欲"的享受为其价值取向。质言之，孔子是以思维方式和价值观作为区分"君子"和"小人"标准的。

四、"君子"与"儒"

把"君子"和"儒"勾连起来，是孔子讲"君子"问题的一个最大亮点。这样做，有三方面的意义：

---

[1]（明）李贽：《四书评》，上海：上海人民出版社，1975年，第136页。

第一，认定"君子"是一种"儒"，用"儒"这种职业把"君子"固化，这就为理解"圣人吾不得而见之矣，得见君子者，斯可矣"（《述而》）提供了根据。《说文解字》对"儒"做了如下的界定："儒，柔也，术士之称。"意思是说，"儒"这个职业地位低，行事要以他人意见为是，没有话语权，但"儒"又是具有专门知识和才能的人。学界对于"儒"有多种理解，文化学家认为，在中国，"儒"是由巫术图腾时代的首领"巫"裂变出来的；在章太炎看来，"儒"是个具有多重含义的概念，既可以把所有有知识、技能的人统称为"儒"——"达名为儒"，也可以把"儒"看成是"类概念"，即把教授"六艺"的人统称为"儒"——"类名为儒"，亦可以将有一定知识、才能的某个人称之为"儒"——"私名为儒"。而孔子将"君子"与"儒"勾连起来的思想，无疑更为精到。

第二，把"君子"与"儒"连在一起，使人豁然明白，孔子何以要大讲"君子"？何以要把"君子"与"小人"对比起来讲？何以要以思维方式和价值观作为区分"君子"与"小人"的标准？孔子这样做的用心，全在于要使其学生做"君子儒"而"不为小人儒"（《雍也》）。"君子儒"与"小人儒"，指的是两种"士"，其区别主要表现在思维方式和价值观上的不同，也集中体现在前面说的"君子上达，小人下达"的不同。所谓"上达"，就是由下向上求索，就是在最具体的事物中求"天"、求"道"、求"仁"，这既是整体的思维方式，又是以"觉悟"即"智慧"为永久追求目标的价值观。"君子儒"就是具有这种思维方式和价值观的"士"，亦即善于处理生命本体及其表现形式二者关系的"士"。而"小人儒"则是"下达"，是向下求索，是求"器"、求"物"，其思维方式是主客二分的，是为个人的生死、祸福、得失等肉身的需求所支配的。他没有远大、永恒的理想追求，根本不知对生命本体的"觉悟"即"智慧"为何物。正是基于此，孔子才强调要做"君子儒"而不做"小人儒"。

第三，把"君子"与"儒"连在一起，称"君子儒"，可大大提升"儒"即知识分子的地位。众所周知，"君子儒"在旧中国是介乎于统治者与被统治者之间的一个磨合阶层。他们大都认为自己只对"天道"负责，面对"天道"实现"自我"，面对"天道"不自欺。真正的"君子儒"必得有"明明德"的功夫，这和西方的"骑士"、日本的"武士"只对自己的将军和天皇负责有本质区别。正是由于有这么一批"士"的存在，有这个阶层协调其中，中国传统社会才可以超稳定运行。

孔子强调要做"君子儒"，不做"小人儒"，就是为了告诉当时的"士"阶层，要关注思维方式的修养，学会用"大思维"看问题。"君子儒"就是善于用"大思维"看问题的知识分子。"君子儒"的"大思维"，有四个特点：一是整体观或大局观。由于"君子儒"是与"天"、与"道"合一的知识分子，所以他"心包太虚，胸怀宇宙"，包容一切。这是最根本的特点。二是保持事物自身的鲜活性，绝不割裂、阻隔。由于"君子儒"是能从最具体的事物中看到"天心""道心"的知识分子，所以在他们眼里，事物都是不可独立于生命整体的，因而彼此不是分离的。三是不局限于"有分别"的具体物相，要由"有分别"的具体物相向"无分别"的生命本体回归。"君子儒"认为这个回归是可能的和必须的。四是无招胜有招。思维要永远保持"被动性"，以达到"勿助勿忘""戒慎恐惧""毋意、毋必、毋固、毋我"的高妙境界。

　　孔子强调做"君子儒"，不做"小人儒"，还有另一方面的意义，就是告诉当时的"士"阶层，要关注生命中最重大的"觉悟"问题，即价值观问题。在古希腊哲学家亚里士多德的著作《动物学》中，他认为人类是自然界中最高尚的动物。中华民族对根本生命问题的回答比西方人高明，"心学"就是中国人独特的"生命觉悟"之学，孔子的"君子儒"学说就是回答"人不是动物"的最好学说。"君子儒"就是学"觉悟"、学"智慧"之"儒"。中华民族要实现中华文化复兴之梦，就必须真正明白我们民族文化的独特性即优越性，这就是其整体的思维方式和追求"觉悟"的价值观。只要在生命"觉悟"这个问题上进行持久地努力，就会得出我们自己"觉悟"的答案。

第三节　孟子、荀子对君子文化的发展

一、孟子对早期儒家君子标准的补充完善

　　孟子是战国中期儒家学派的重要代表人物。《孟子》一书中"君子"一词出现82次。孟子仍然将道德修养和仁、义、礼、智、信等品质作为君子所应具备的首要条件。

　　孟子提到君子之道："守约而施博者，善道也。"（《尽心下》：操守简约而施惠广博的，就是善道[1]）孟子又说："仁也者，人也。合而言之，道也。"（《尽心下》：仁就是做人的原则，仁和人合起来讲就是人生正道）显然，孟子将约守仁义，博施道德看作君子之大道、正道。孟子说："人之所以异于禽兽者几希，庶民去之，君子存之。"（《离娄下》：人之所以不同于禽兽的地方很细小，普通人把它丢弃了，君子

---

[1] 本章所用译文均据金良年撰《孟子译注》，上海古籍出版社，2004 年。

把它保留了）赵岐解释说：人和禽兽的差异即在"知义与不知义间耳"，"众民去义，君子存义也"[1]。综上可知，古代学者均认为，"去义"和"存义"是庶民和君子之间最根本的区别所在。孟子反复强调君子要做到"亲亲而仁民，仁民而爱物"（《尽心上》：由亲近亲人而仁爱民众，由仁爱民众而爱惜万物）；君子应"非仁无为也，非礼无行也"（《离娄下》：不合乎仁的事不去干，不合乎礼的事不去做）；"君子亦仁而已矣"（《告子下》：君子有仁德就可以了）；"君子以仁存心，以礼存心"（《离娄下》：君子把仁存于心，把礼存于心）；"夫义，路也；礼，门也。唯君子能由是路，出入是门也"（《万章下》：义是途径，礼是大门，唯有君子能从这条路上走，从这扇门里进）；"君子所性，仁义礼智根于心"（《尽心上》：君子的本性是仁义礼智，根植于内心）。孟子指出："君子之事君也，务引其君以当道，志于仁而已。"（《告子下》：君子事奉君主，只是致力于引导自己的君主合乎大道，有志于仁罢了）孟子把"君子犯义"等均视为国之存亡的关键："上无道揆也，下无法守也，朝不信道，工不信度；君子犯义，小人犯刑：国之所存者，幸也"（《离娄上》：上边没有管理的准则，下边就无法按法度履行职守，官员不相信原则，工匠不相信尺度，君子触犯义理，小人触犯刑律，国家还能保存下来乃是侥幸）。

孟子也讲"信"。孟子说："君子不亮，恶乎执？"（《告子下》：君子不讲信用，怎么能够有操守呢？亮，同"谅"）赵岐注："亮，信也。《易》曰：君子履信思顺。若为君子之道，舍信将安所执之邪？"孙奭解释说："孟子言君子之道，如不以信为主，则君之道恶乎执？言执君子之道，特在乎信也。"[2]显然，孟子认为，对于君子来说，信和仁、义、礼、智同等重要，是君子应必备的标准之一。和孔子的君子观类似，孟子也将道德修养和仁、义、礼、智、信等传统品德视为君子所应必备的条件，仅此而论，孟子的君子观实际上是对孔子君子观的直接继承和发展。孟子认为，君子除了应具备仁、义、礼、智、信等品质外，还应该胸襟开阔，言行举止庄重恭敬。孟子批评伯夷狭隘、柳下惠不恭，指出："隘与不恭，君子不由也"（《公孙丑上》：偏隘与玩世不恭，真正的君子是不会这样去做的）。又说："恭敬而无实，君子不可虚拘。"（《尽心上》：恭敬却没有实质，君子不可虚留）这是说，恭敬不能出于表面形式而虚假不实。综合孟子有关论述可知，孟子所说的君子，首先应该是具有高尚道德品质的人。在

[1]赵岐注，孙奭疏：《孟子注疏》，《十三经注疏》下册，北京：中华书局，1980年，第2727页。
[2]赵岐注，孙奭疏：《孟子注疏》，《十三经注疏》下册，北京：中华书局，1980年，第2761页。

《孟子》一书中，君子则更与"创业垂统"（《梁惠王下》）、"战必胜"（《公孙丑下》）、"治野人"（《滕文公上》）、"平其政"（《离娄下》）、"得天下英才而教育之"（《尽心上》）、"定四海之民"（《尽心上》）、"平治天下"（《公孙丑下》）等行为相联系。显然，在孟子看来，君子不仅要具有优秀的道德修养和仁礼等品质，还应该具备治国用兵、教育英才等卓越的才能。战国时期，随着官僚制度在各国普遍建立，春秋时期儒家积极主张的"学而优则仕"，逐渐成为各国统治者选拔各级官吏的重要标准。在此背景下，君子就不再仅仅专指孔子所说的具有崇高的道德修养，行为举止符合仁的精神、合乎礼的要求的人，因此孟子更加强调，君子应具备治国用兵、教育英才等卓越的能力，用今天的语汇来表述，孟子所说的君子，应该是德才兼备的人。君子要具备各种卓越的才能，就要不断地学习，并且把学到的各种知识和本领传授给天下英才，教育英才，成之以道。孟子具体讲道："君子之所以教者五：有如时雨化之者，有成德者，有达财者，有答问者，有私淑艾者"（《尽心上》：君子教育人的方法有五种：有像及时雨那样化育万物的，有培养人德行的，有通达才能的，有解答疑问的，有以自身的善行来让他人学习的）。在孟子看来，君子不仅要独善其身，还要积极地养育英才，君子所珍，圣所不倦，其唯诲人。由此可以看出，较之于孔子，孟子的君子观的内涵更加丰富。

孟子所处的战国时代中期，较之孔子所处的春秋晚期，天下格局和"国际"形势发生了重大变化。司马迁在《史记·六国年表》中说，迄战国中期，各国之间"务在强兵并敌，谋诈用而纵衡短长之说起。矫称蜂出，盟誓不信，虽置质剖符犹不能约束也"[1]。顾炎武谈论周末风俗时指出："春秋时，犹尊礼重信，而七国则绝不言礼与信矣。春秋时，犹宗周王，而七国则绝不言王矣。"[2]在此背景下，孟子进一步强调加强道德修养的重要性，将其视为君子所应具备的必备条件，显然符合时代的要求，对于中国传统伦理道德的再建，具有重要的理论价值和很强的时代意义。

二、荀子君子观的隆礼特色与现实主义倾向

荀子是战国后期儒家学派的又一位重要代表人物，荀子吸收法家学派的重要思想，积极发展儒家学说，他尊崇王道，主张隆礼重法，强调后天学习，反对宿命论，提出人定胜天等光辉的唯物主义命题。《荀子》三十二篇，绝大多数为荀子所作，是研究荀子

---

[1]（汉）司马迁：《史记》，北京：中华书局，1959年，第685页。

[2]（清）顾炎武：《日知录·周末风俗》，长沙：岳麓书社，1994年，第467页。

思想的第一手重要文献，也是探讨荀子君子观的第一手原始材料。

值得注意的是，《荀子》一书屡屡出现"士君子"的称谓。诸如："士君子不为贫穷怠乎道"（《荀子·修身》：一个有远大志向的人，不会因为贫穷，就放弃自己的理想追求）；"先虑之，早谋之，斯须之言而足听，文而致实，博而党正，是士君子之辩者也"（《荀子·非相》：事先经过考虑，提前谋划过，仓促之间说出的话也能有足够的力量打动人，说出的话有文采而又质朴平实，渊博而又正直，这是士君子的辩说）；"士君子之容：其冠进，其衣逢，其容良"（《荀子·非十二子》：士君子的仪容是：帽子高高竖起，衣服宽宽大大，面容和蔼可亲）。"士君子"在《论语》《孟子》中均未出现。"士"最初作为周代社会的一个等级或阶层，是毫无问题的。顾颉刚先生曾论及："吾国古代之士，皆武士也。士为低级之贵族，居于国中（即国都中），有统驭平民之权利，亦有执干戈以卫社稷之义务。"[1]与此同时，顾氏还详细论及周代之"士"从武士演变为文士的背景和过程，显然，古代文献中"士"的身份和地位，学术界并无异议，在《荀子·礼论》中，荀子将"士君子"和"民"区分为二，可知，和孔子、孟子对君子的理解不同，荀子所说的君子，似为战国时期士人的代名词。

荀子反复强调，君子要不断学习，如其屡屡讲道："君子博学而日参省乎己"（君子广泛地学习，并且经常把学到的东西拿来检查自己的言行）；"君子之学也，以美其身"（《荀子·劝学》：品行好的人学习，是为了完善自我）。荀子认为，君子学习的内容首先是礼义。荀子论及："天地者，生之始也；礼义者，治之始也；君子者，礼义之始也。为之，贯之，积重之，致好之者，君子之始也"（《荀子·王制》：天地是生命的开始，礼义是治理天地的开始，君子是礼义的开始。实践礼义，贯通礼义，积累礼义，极爱好礼义，是君子的开始）。荀子又说："礼者，法之大分，类之纲纪也。故学至乎礼而止矣，夫是之谓道德之极"（《荀子·劝学》：礼经是法制的前提、各种条例的总纲，所以要学到礼经才算结束，才算达到了道德之顶峰）。荀子又说："无君子则天地不理，礼义无统"（《荀子·王制》：没有君子，天地就没有条理，礼义就没有统绪）。荀子较为明确地将"士"和"君子"区分开。如《荀子·修身》："好法而行，士也；笃志而体，君子也"（爱好礼法而尽力遵行的，是学士；意志坚定而身体力行的，是君子）。并将遵循和违反礼义作为区分君子和小人的重要标志："积文学，道礼义者为君子；纵性情，安恣睢，而违礼义者为小人"（《荀子·性恶》：积累文

---

[1]顾颉刚：《浪口村随笔》卷二，沈阳：辽宁教育出版社，1998年，第52页。

化知识，实行礼义的人，便是君子；放纵性情，安于恣肆放荡，违背礼义的人，便是小人）。

荀子处于战国后期，此时结束长期的分裂割据状态，建立统一的中央集权的新型国家，已成为大势所趋。荀子对未来国家制度进行设计和构思，更加强调维护封建等级秩序的礼的重要性。

荀子说："君子既得其养，又好其别"（《荀子·礼论》：君子可以凭借"礼制"来获得供养，又因此而给社会等级定制区别）。而其所说的"别"，实际上就是"贵贱有等，长幼有差，贫富轻重皆有称者也"（《荀子·礼论》）的等级秩序，实际上也就是其所说的礼。荀子说："礼者，谨于治生死者也。生，人之始也；死，人之终也。终始俱善，人道毕矣。故君子敬始而慎终。终始如一，是君子之道，礼义之文也"（《荀子·礼论》：礼，对于生死之事的办理最为慎重。活着，是生命的开始；死亡，是人生的终结；生与死都能按照礼处理得十分妥善，人道就全了。所以，君子严肃地对待人生的开始而慎重地对待人生的终结。对待这终结与开始就像对待同一件事一样，这是君子的原则，是礼义的具体规定）；"君子审于礼，则不可欺以诈伪"（《荀子·礼论》：君子对礼了解得明白清楚，就不可能再用诡诈来欺骗他）。在荀子的言论中，"隆礼"的思想颇为突出，由此彰显出其君子观的极其鲜明的时代特色。

荀子由"天有常道矣，地有常数矣"类推出"君子有常体矣"；荀子还以"道其常""计其功"（《荀子·天论》）作为区分君子、小人的标准。事实上，荀子所说君子"有常体""道其常"，从字面意义上理解，是说君子要遵守常规，通读《荀子》上下文则知，即实践礼义。如荀子说："君子耳不听淫声，目不视邪色，口不出恶言"（《荀子·乐论》）；"君子以钟鼓道志，以琴瑟乐心"；"君子乐得其道"；"君子明乐，乃其德也"（《荀子·乐论》）。以上是说，君子要"明乐"。荀子还讲道："君子辩言仁"，"君子之行仁"（《荀子·非相》）；"君子耻不修，不耻见污；耻不信，不耻不见信；耻不能，不耻不见用"（《荀子·非十二子》：君子以品德不好为耻，不把别人的污蔑看作耻辱；以不守信用为耻，不把别人的不信任看作耻辱；以没有才能为耻，不把不被任用看作耻辱）；"君子敬其在己者，而不慕其在天者"（《荀子·天论》：君子慎重对待那些取决于自己的事，而不羡慕那些取决于上天的东西）；"故君子贤而能容罢，知而能容愚，博而能容浅，粹而能容杂"（《荀子·非相》：君子贤能而能容纳无能的人，聪明而能容纳愚昧的人，博闻多识而能容纳孤陋寡闻的人，道德纯洁而能容纳品行驳杂的人）等，这是说君子要具备仁、信、恭敬、宽容等品质。

荀子指出，君子要遵循先王之道，弘扬仁德，减弱威势，选择合理的生活准则，爱好礼仪、奉行礼法的观念胜过私情，做到"贫穷而志广，富贵而体恭，安燕而血气不惰，劳倦而容貌不枯，怒不过夺，喜不过予"（《荀子·修身》：贫穷而志向广大，即使富贵了依然能谦恭待人，处于安逸状态的时候血气也不会松懈懒惰，劳倦的时候容色不轻慢随便，生气的时候不会失去分寸，高兴的时候也不会显得过分）。总之，和孔子、孟子相比，荀子更加强调了学而后行对于君子人格塑造的重要性，因而荀子的君子观具有更加鲜明的现实主义倾向。

春秋、战国时期正处于社会转型和中国传统文化、思想和学术奠基的重要关键性阶段。孔子、孟子、荀子的君子观犹如社会大变革过程中的一股涓涓清流，顺势汇入中国传统思想、文化的滔滔江海。由于其具有较多的合理性因素和积极性意义，因而在中国数千年的文明演进过程中，主导着中国传统社会的主流价值观念，深刻影响着中国新文化的基本走向和核心价值体系的重建。当然，和孔子、孟子、荀子的其他政治思想类似，他们的君子观也呈现出明显的时代局限性，其中包含一些迄今已失去合理性、积极性的内容，诸如他们共同强调的礼，虽有促进社会和谐、有序发展的主观愿望，但随着人类社会的发展和进步，民主与科学精神指引下的新文化，必然要求人与人的平等与社会公正，这显然是对先秦儒家君子观中维护"贵贱有等，长幼有差，贫富轻重皆有称"等级秩序的礼的精神的直接否定。剔除此类已经过时的、不合理的、糟粕性的内容，不断吸收积极向上、合理进步的文化因素，对于今天的社会主义新文化和社会主义核心价值建设具有重要的理论价值和现实意义。我们今天倡树君子文化，要继承其精华，同时总结近现代以来的新成果，面向未来，凝练成新时代的君子文化和君子人格，在社会上形成君子之风，以有效助力社会主义新文化的建设和发展。

第二章 君子人格与现实价值

❀ 阅读提示 ❀

　　孔子《论语》中有大量论及君子及君子人格的语句，孔子所说的君子人格的内涵、特征或者标准，包含了仁、义、礼、智、忠信、勇、中庸、和而不同、文质彬彬与自强等内容，这些内容可归结为"修己安人"四个字。君子文化是与时俱进的，"君子"意味着不断地超越自我、超越庸俗，是高远境界的标杆。当今社会，从优秀君子文化中汲取营养，争做新时代的君子，是确立、培育和践行社会主义核心价值观的必修课。

　　孔子认为，人可通过接受教育提升他的知识和道德修养，到达一种理想的品格，即君子人格。君子成为人们行为标准的体现者及道德修养的目标，从某种意义上说，它是民族精神和传统文化的承载者。在《论语》中，"君子"一词出现了107次之多，这决非偶然，孔子学说或可概括为君子学说。自从孔子提出、阐扬君子与小人之辨后，引起了历代学者的极大兴趣和重视，可谓登高一呼，山鸣谷应。几千年来，是否具有君子人格一直是人们区分人的道德品行好坏的标准，君子是人们追求达到的理想人格目标，小人是人们所鄙弃的无德行者。孔子所谓的君子人格有哪些内涵、特征或者标准呢？大致说来，应该有10种：仁、义、礼、智、忠信、勇、中庸、和而不同、文质彬彬与自强，这些内容最终可归结为"修己安人"四个字。凡是具备这10种内涵、特征或标准者，就是君子，反之就是小人。孔子及先秦儒家汲汲于君子小人之辨，目的在于扬善抑恶，塑造仁德的理想人格。下面通过探讨孔子、先秦儒家的"君子"人格，展现君子人格的现实价值。

第一节　儒家君子人格特征的诠释

一、仁：君子"仁以为己任"

孔子将"仁者不忧，知者不惑，勇者不惧"定义为"君子之道"（《宪问》），认为君子泛爱众人，心胸坦荡，故无忧；君子富有知识，足以烛理，故不惑；君子果敢刚毅，有浩然之气，故不惧。这一思想对后世影响深远，以至稍后的《礼记·中庸》将智、仁、勇称为"天下之达德"。在孔子看来，"仁"是君子人格的基础，君子人格的一切特征都是在"仁"的基础上形成的。"人而不仁，如礼何？人而不仁，如乐何？"（《八佾》：做人如果没有仁德，怎么对待礼仪制度呢？做人如果没有仁德，怎么对待音乐呢？）"志于道，据于德，依于仁"（《述而》：以道为志向，以德为根据，以仁为依靠），正说明了君子人格的本原性。这一思想为后世儒者所继承。孟子说，"仁也者，人也，合而言之，道也"（《孟子·尽心下》：仁就是做人的原则。仁和人合起来讲就是人生正道），进一步说明了仁是一切德行的根源。那么，什么是"仁"？怎样得到"仁"呢？

第一，爱人。"樊迟问仁。子曰：'爱人'"（《颜渊》），一个人若能以爱心待人，也就是在行仁了。"爱人"是一个由近及远、由亲及疏的过程。《中庸》说："仁者人也，亲亲为大。"就是说，只有仁者才能成其为人，不仁之人不能成其为人。"爱人"是一个由近及远、由亲及疏的过程。深得孔子思想精义的有子说："其为人也孝弟，而好犯上者，鲜矣；不好犯上，而好作乱者，未之有也。君子务本，本立而道生。孝弟也者，其为仁之本与！"（《学而》：为人孝顺悌爱而喜好冒犯在上者的，很少见；不喜好冒犯在上者而喜好作乱的人，还从未有过。君子致力于根本，根本确立了，基本的道理就形成了。孝顺悌爱大概是实行仁的根本要点吧！）有子认为孝悌是为人的根本。孝悌，所以齐家；不犯上，所以治国；不作乱，所以平天下。君子做人首先要在根本上用心思、下功夫。仁者由亲亲而达到"泛爱众而亲仁"（《学而》）的理想境界，既可以独善其身，又可以兼济天下，这便是仁人君子了。

第二，忠恕。孔子对仁爱的推广，主要采取一种由近及远、将心比心的方式。"忠恕之道"最能体现"仁"的内涵和为"仁"之方。当子贡问孔子："如有博施于民而能济众，何如？可谓仁乎？"（假如有一个人，他能给老百姓很多好处又能周济大众，怎么样？可以算是仁人了吗？）孔子回答说："何事于仁！必也圣乎！尧、舜其犹病诸！夫仁者，己欲立而立人，己欲达而达人。能近取譬，可谓仁之方也已。"（《雍也》：岂止是仁人，简直是圣人了！至于仁人，就是要想自己站得住，也要帮助人家一同站得住；要想自己过得好，也要帮助人家一同过得好。凡事能就近以自己作比，而推己及人，可以说就是实行仁的方法了）"其恕乎！己所不欲，勿施于人。"（《卫灵公》：那就是恕吧！自己不愿意的，不要强加给别人）"恕"，是"推己及人"，以己之心去推度人之心，一方面推己所欲，与人分享，一方面己所不欲，不强加于人，要设身处地为别人着想。一个仁者，应有诚恳为人之心，此即为"忠"；将诚恳为人之心推及于他人，便是"恕"。这是处人、处事和自处的一种尺度、一种基本原则。用曾参的话来说，"仁"就是对人"忠恕"。许慎《说文》："仁者兼爱"。概言之，"仁"就是以爱心为动力，以"忠恕"为具体表现，去处理好各种人际关系，使社会充满博爱和秩序。

第三，修己。孔子认为，"仁人"要修己、克己，不要强调客观条件，而要从主观努力上修养自己，为仁由己不由人，求仁、成仁是一种自觉的、主动的道德行为。孔子说："为仁由己，而由人乎哉？"（《颜渊》：实行仁德，完全在于自己，难道还在于别人吗？）"我欲仁，斯仁至矣。"（《述而》：如果我想要仁，仁就会来了）子夏说得好："博学而笃志，切问而近思，仁在其中矣。"（《子张》：广泛的学习并且能坚守自己的志向，恳切地发问求教，多考虑当前的事情，仁德就在其中了）

第四，"仁以为己任"。孔子认为，人生的意义在于实践人伦道德，实现人生理想，完善人生价值，做一个"志士仁人"，时时不违仁，处处与仁同在，要为追求真理而努力奋斗。孔子说："志士仁人，无求生以害仁，有杀身以成仁"（《卫灵公》：志士仁人，没有贪生怕死而损害仁的，只有牺牲自己的性命来成全仁的），因为一旦抛弃了"仁"，君子也就不成其为君子了。孔子说："君子去仁，恶乎成名？君子无终食之间违仁，造次必于是，颠沛必于是。"（《里仁》）士志于道，很重要的就是"仁以为己任"（《泰伯》）。

第五，具备恭、宽、信、敏、惠五种品质。据《论语·阳货》记载，"子张问仁于孔子。孔子曰：'能行五者于天下为仁矣。''请问之。'曰：'恭，宽，信，敏，惠。恭则不侮，宽则得众，信则人任焉，敏则有功，惠则足以使人。'"恭敬则不易遭受侮辱，宽厚就会得到大众拥护，诚信就能很好地立身处世，敏捷则工作效率高，慈惠才能与人和谐相处。一个人在做人过程中如果能体现出这五种品质，也就是在行仁了。对于君子而言，不是仁爱的事情不做，不是合乎礼节的事情不做，"仰不愧于天，俯不怍于人"（《孟子·尽心上》），所以"君子坦荡荡"（《述而》）。待人态度上表现出一种宽阔的胸襟，豁然大度，厚德载物，不嫉贤，不妒能，所以能"成人之美"（《颜渊》）。小人心胸偏狭，悲悲戚戚，为人刻薄寡恩，嫉贤妒能，所以"成人之恶"（《颜渊》）。

二、义："君子义以为上"

"义"即合宜合理。孔子对"义"十分重视，认为"君子以义为质"（《卫灵公》），而且把"义"看作是提高君子道德修养的重要途径，以为"主忠信，徙义，崇德也"（《颜渊》），意思是说，以忠信为主，使自己的思想合于义，这就是提高道德修养水平了。

首先，在孔子那里，义和利之间是统一的关系。并不像董仲舒所说的那样"正其谊不谋其利，明其道不计其功"（《春秋繁露·仁义法》），是水火不容的矛盾关系。孔子并不一概反对人们的物质欲求和对富贵生活的向往，但追求富贵须以道为原则，因为道才是君子的最高追求。"富与贵，是人之所欲也；不以其道得之，不处也。贫与贱，是人之所恶也；不以其道得之，不去也。"（《里仁》）这段话并不表明孔子轻视富贵，孔子的本义是，"富与贵是人之所欲"，不过，必须"以道得之"。如果不是合于正道的富贵，则甘愿处于贫贱，所谓"君子固穷"（《卫灵公》：君子即便身处逆境，也会固守内心的操守）；假如是本着正道而得的富贵，则可心安理得地拥有。孟子所说："非其道，则一箪食不可受于人；如其道，则舜受尧之天下，不以为泰。"（《滕文公下》：不合乎道德，一碗饭都不能受之于人；合乎道德，舜接受了尧的天下都不觉得过分）正因为这样，孔子才说："富而可求也，虽执鞭之士，吾亦为之。如不可求，从吾所好。"（《述而》：富有若能求得，即使是下贱的差事，我也会去做。如果不能求得，就依从我的喜好）"吾所好"者是道义而非富贵，富贵的取舍全视道义而定，合则取之，不合则去之——"不义而富且贵，于我如浮云"（《述而》）。

其次，孔子主张物质利益的取舍，应该以"义"为准则。反对贪得无厌、巧取豪夺，因此一再强调"见利思义"（《宪问》），孔子要求君子要优先考虑"义"，做事时先想想合不合理，有没有违反道德和正义，心里要关心大众的要求、公众的利益，坚持"义以为上"的原则和以义制利的做人方式，所以"君子之于天下也，无适也，无莫也，义之与比"（《里仁》）。不仅如此，孔子更强调要"先事后得"（《颜渊》），"敬其事而后其食"（《卫灵公》），先把事情做好，再谈报酬。如果"义"和"利"发生冲突，一定要"先义后利"（《孟子·梁惠王上》），做到"义然后取，人不厌其取"（《宪问》）。荀子则更加明确地提出了"以义制利"的思想。只有"以义制利"，使人人向善的方向发展，才能保证国家和社会的稳定，从而使整个社会和每个个人都能获得真正的利益，这就是所谓的"以义制事，则知所利矣"（《荀子·君子》）。

再者，在孔子心目中，作为君子，"义"的重要性要高于"勇"。据《论语·阳货》记载，当子路问"君子尚勇乎"时，孔子答道："君子义以为上，君子有勇而无义为乱，小人有勇而无义为盗。"在孔子看来，无论君子还是小人，如果有勇无义，就会做出非法作乱的事。孔子明确主张："君子喻于义，小人喻于利。"（《里仁》）一个人若优先考虑的是"义"，那么，他就是君子；一个人若优先考虑的是"利"，那么，他就是小人。孔子说："君子怀德，小人怀土，君子怀刑，小人怀惠。"（《里仁》）君子关心的是良好品德，小人关心的是田地收成、居处的安逸；君子关心的是遵守法律，不要违反刑法，小人关心的是怎样得到利益和好处。显然，君子是从公德方面着眼，小人是从私利方面出发。正所谓"君子爱财，取之有道"，这个"道"，在当代中国，就是指合乎社会主义法律与道德规范的正当挣钱方法，见利思义，不贪不义之财，不谋求制度和政策允许以外的私利。一个人若眼中见利忘义，贪得无厌，不要廉耻，罔顾法纪，私欲横流，行为损害他人、国家的利益，也就得不到公众的认同，那就是一个唯利是图、人人讨厌的小人。同时，正由于君子处处想着道德和法度，言行处事便会适中，才会以道义来团结人。而小人则会处处想着利益和恩惠，为了一时的私利而相互勾结，以利相合，利尽则离，言行处事便会为达目的而不择手段，其结果"放于利而行，多怨"（《里仁》：为追求利益而行动，就会招致更多的怨恨）。

三、礼：君子"立于礼"

"礼"是君子人格的外在规范，是指规范君子一切言行的准则。孔子认为"礼"是君子的立身之本，要求君子在平日的修养中要做到："兴于诗，立于礼，成于乐"（《泰伯》）。孔子教训儿子伯鱼说"不学礼，无以立"（《季氏》），指出不懂得礼法，就无法在社会上立身处世。孔子讨厌无礼的行为，当子贡问："君子亦有恶（wù）

乎?"孔子答道:"有恶(wù):恶称人之恶(è)者,恶居下流而讪上者,恶勇而无礼者,恶果敢而窒者。"(《阳货》:有憎恶的事。君子憎恶宣扬别人的坏处的人,憎恶处在下级诽谤上级的人,憎恶勇敢而无礼的人,憎恶处事果敢而固执己见的人)态度何其鲜明!他在斥责子路无礼时,还提出了"礼乐不兴则刑罚不中,刑罚不中则民无所措手足"(《子路》:礼乐不能兴盛,刑罚的执行就不会得当。刑罚不得当,百姓就会不知怎么办好)的观点,将"礼"与刑罚公正与否、民众安定与否、天下稳定与否相联系,极大地强调了礼的作用。在用人上,有礼与否,也是孔子所持的一个重要标准,"先进于礼乐,野人也;后进于礼乐,君子也。如用之,则吾从先进"(《先进》:先学习了礼乐而后做官的,是原来没有爵禄的平民;先做了官而后学习礼乐的,是原来就有爵禄的贵族。如果让我来选用人才,那么我赞成选用先学习礼乐的人),宁可选用先学习礼乐的平民,而不用后学习礼乐的"君子"(此指贵族子弟)。身为君子者,一定要做到知礼,言行中规中矩。以射艺为例,孔子说:"君子无所争。必也射乎!揖让而升,下而饮,其争也君子"(《八佾》:君子没有什么可与别人争抢的事情,如果一定说有的话,那就是比赛射箭的时候吧。但也会相互作揖礼让后登台,下场后还要互相敬酒。这种争也显示出君子的风度),整个比赛过程都做到了彬彬有礼。《论语·学而》记载,"子贡问曰:'贫而无谄,富而无骄,何如?'子曰:'可也。未若贫而乐,富而好礼者也。'"孔子认为即使贫困也要乐观地坚持正道,不以环境困难而忧伤苦恼,即使富有也要以礼待人。子贡从而体会到像《诗经》里面所说的,如同雕琢玉器一样"如切如磋,如琢如磨"(《学而》),在生活的每个方面都力求合法度,不断地努力修养,提高自己的品格。那么,在君子的修养过程中,"礼"何以扮演如此重要的角色?对于这个问题,孔子的回答是:"恭而无礼则劳,慎而无礼则葸,勇而无礼则乱,直而无礼则绞。"(《泰伯》:恭敬而不符合礼的规定,就会烦扰不安;谨慎而不符合礼的规定,就会畏缩拘谨;勇猛而不符合礼的规定,就会违法作乱;直率而不符合礼的规定,就会尖刻伤人)。这说明"礼"在培育君子的过程中作用巨大:一个人如果仅注重自己容貌的端庄,却不知礼,就容易劳倦;只知谨慎,却不知礼,就容易流于懦弱;仅有敢作敢为的勇气,却不知礼,就容易盲行而闯祸;心直口快,却不知礼,就容易待人刻薄。因为"礼"有如此重要的作用,孔子力倡身为君子者要用礼节来约束自己的言行,以使自己的言行不至于离经叛道。孔子说:"君子博学于文,约之以礼,亦可以弗畔矣夫!"(《雍也》)也就是说,要把礼的精神贯穿在所学的知识里并在生活中践行。怎样才能做到"约之以礼"?那就是要做到:"非礼勿视,非礼勿听,非礼勿言,非礼勿动"（《颜渊》）。

身为君子者要知礼并能依礼而行的思想为后世儒家所继承。孟子说："君子所以异于人者，以其存心也。君子以仁存心，以礼存心。"（《孟子·离娄下》）明确主张君子之所以是君子，其不同于常人之处就在于"以礼存心"。当然，君子要守礼，就必须知道礼的实质，切不可只守礼的形式。那么，礼的实质是什么呢？这可从孔子回答"林放问礼之本"的言论里得到答案。孔子说："礼，与其奢也，宁俭；丧，与其易也，宁戚。"（《八佾》：礼，与其追求形式上的豪华，不如俭朴一些；治丧，与其在仪式上面面俱到，不如内心真正悲痛）可见，在孔子心中，就一般礼仪而言，其本质在于朴素俭约，而不在于铺张浪费；就丧礼而言，其本质在于用心来表达失去亲人的悲伤之情，而不在于仪式是否周全，关键要正心诚意。与君子相反，小人常常"无礼"，或虚情假意地按"礼"的方式以待人接物。

四、智："智者不惑"

身为君子者必须具备高超的智慧与能力，孔子说："知（智）者不惑"（《子罕》），"智"主要是一种道德理性能力。

首先，"智者不惑"体现在对是非、善恶的认知和辨别上。智者之所以不惑，最根本的原因在于君子具备了理性认知和辨别能力，具备了道德理性，因而能够分清事物的是非曲直，而不至于颠倒黑白。孟子曾明确将"智"界定为人辨别是非的能力，他说："是非之心，智也"（《孟子·告子上》）。在荀子看来，能够明辨是非曲直，使自己的认识符合事物的实际情况，也就可以说是正确地认识事物了，这也就是他说的"明于事"。荀子说："知者明于事，达于数"（《荀子·大略》），在荀子看来，明智的人对事物是清楚明了的，对事理也能融会贯通。实际上，儒家强调智者"明是非"的同时又能"辨善恶"，孔子早就注意到二者的内在关系，孔子说："知者利仁"（《里仁》）。又说："未知，焉得仁？"（《公冶长》）"知者不失人，亦不失言。"（《卫灵公》）也就是说，具备了智德才能分清事物的曲直并明白其利害得失，才会以长远的眼光看事物，才能看到长远的利益，最终才能做出正确的道德选择。

其次，在儒家看来，智最重要的是对自己的认识。认识自己方能进一步认识他人，所以"不患人之不己知，患不知人也"（《学而》）。具有自知之明，正确地认识自己，被儒家看作是比"使人知己""知他人"更为高明的德性，儒家将之视作君子的基本德性之一。这一见解与儒家强调的"反求诸己"思想是一致的。孔子有时甚至将"知人"作为"知"的定义，樊迟问"知"，孔子回答说："知人"（《颜渊》）。老子《道德经》中说"知人者智，自知者明。"在孔子看来，所谓"知人"，主要指正确地认识人、客观地辨别人、清醒地理解人。

再次，"智者不惑"还体现为在具体境遇中的"知当务之急"，以及对于"时势"的判断。换言之，"智者不惑"既包含知道当下最着急的事，又体现为知道当下可以做的事。因此，真正"不惑"的"智者"，在具体的道德境遇中，能够权衡利弊得失，分清轻重缓急，知道先后顺序，迅速判断当下应该完成的最重要的任务。在孟子看来，孔子正是"识时势"之"智者不惑"的典范，"孔子，圣之时者也"（《孟子·万章下》）。人们只有了解了这一点，才可以说是"不惑"之"智者"，也才能被称为君子，这就是孔子说的"不知命，无以为君子也"（《尧曰》）。孔子对天命的敬畏，也就是对"道"的敬畏，他的生命已经与天道合而为一。这种敬畏意识，体现的是一种严肃认真的生活态度。

孔子主张人的智慧不是天生的，而是通过后天学习获得的。"学"是君子内在修养和外在规范的获取方式，对于人格的形成有着极为重要的意义。《中庸》曰："好学近乎知，力行近乎仁，知耻近乎勇"。"学"的总要求是"博学于文"（《雍也》）。只有好学、博学，才能完成君子人格的内在修养，才能获得君子人格外在规范的知识。其具体内容和要求是：其一，要有学习的欲望和不懈的努力。所谓"见贤思齐"（《里仁》），"学如不及，犹恐失之"（《泰伯》）。其二，学习要庄重而严肃，要以培养君子人格为目的，否则，学了也无用，"君子不重则不威，学则不固"（《学而》）。其三，要虚怀若谷，择善而从。"君子食无求饱，居无求安，敏于事而慎于言，就有道而正焉，可谓好学也矣"（《学而》），"三人行，必有我师焉，择其善者而从之"（《述而》）。"见不贤而内自省也"（《里仁》），"其不善者而改之"（《述而》）。其四，要有一定的方法。"学而不思则罔，思而不学则殆"（《为政》），"学而时习之"（《学而》），"游于艺"（《述而》）等，指出了思考、实践、娱乐式的学习等有益的学习方法。其五，强调严谨扎实的学风。"知之为知之，不知为不知"（《里仁》），"君子于其所不知，盖阙如也"（《子路》）。既然君子博学而多识，所以君子的能力往往是多方面的，能胜任多方面的工作，而不是只能做某一方面的事情，这就是"君子不器"（《为政》：君子不像器具那样，作用仅仅限于某一方面）的说法。同时，君子具备了丰富的知识，才能在面对是非善恶时保持清醒的头脑而不困惑迷乱，才能正确地认识作为道德主体的自我和他人，才有能力正确认识自己和处理自己与环境的关系，也才能在特定场合或境遇中审时度势、迅速判断当下可以做的事情和应该完成的最重要的任务。君子为了使自己能与外部环境和谐相处，必会自觉地约束自己的言行，小心谨慎，如履薄冰，做到"君子有三畏：畏天命，畏大人，畏圣人之言"（《季氏》）。君子认为自己所承担的社会责任和履行的社会义务是由天命决定的，具有不可辩驳的合理根据，所以使自己的言行"与天地合其德，与日月合其明，与四时合其序"（《周易·乾卦·文言》）。与君子不同的是，小人对于自己的德性、能力大小及优缺点缺乏清醒的认识，或好高骛远，或妄自菲薄，"骄而不泰"（《子路》）。而一旦遇到挫折，则转入自馁、自卑、怨天尤人，自然不能正确处理自己与周围环境的关系。又因"小人不知天命而不畏也，狎大人，侮圣人之言"（《季氏》），于人于事，肆意妄为，无所顾忌，不畏天命，轻视大人，侮慢圣人之言，结果自然是处处碰壁，一事无成。这样一来，小人由于不明是非善恶，又不好学，对时势常常缺乏正确的认识，所以心中"长戚戚"（《述而》），往往就会多忧多惧，瞻前顾后，患得患失。

五、忠信：君子"主忠信"

"子以四教：文，行，忠，信。"（《述而》）孔子强调君子要在仁和义的基础上讲忠信，提倡待人接物应真诚，为人办事要尽心竭力。孔子主张"为人谋"要"忠"，为人忠诚，既要端正思想、态度，求其在我，搞好自己与他人的关系，极力把事情办好，又要待人如己，有成人之美的奉献精神。据《论语·卫灵公》记载，"子张问行。子曰：'言忠信，行笃敬。'"子张问孔子为人处世怎样才行得通，孔子回答说："说话要忠诚守信，行为要笃实认真。孔子认为，一个人只要真心诚意为别人做事，真心诚意与别人交往，认认真真读书，踏踏实实做事，那就是做到了"忠"。此时的"忠"并不包含后世所讲的"忠君"思想。在孔子看来，"忠"是君子必备的品质之一。孔子说："君子不重则不威，学则不固。主忠信。无友不如己者。过，则勿惮改。"（《学而》：君子不自重就没有威严；所学习的东西就不稳固；应该以忠信为主，不要同与自己不同道的人交朋友；有了过错，就不要怕改正）曾参对此心领神会，所以才说："吾日三省吾身：为人谋而不忠乎？与朋友交而不信乎？传不习乎？"（《学而》）将"待人是否忠诚"作为每日第一件需要反思的事情，对"忠"的重视溢于言表。孔子又进一步说："君子不以言举人，不以人废言。"（《卫灵公》）君子不因别人的话说得动听就抬举他，也不因这人有缺点就不理会他所说的话。君子要懂得分辨别人的话，要了解他说的话是不是有诚意，是不是合理。有些人话说得动听，但说的话和做的事并不一致，这些人就不值得信赖；相对来说，尽管有些人曾犯过错，或者品行有问题，如果他提出的是合理的意见，就要加以考虑和接受。与此相反，小人一般既没有坚定的信仰，又缺乏诚心，还习惯于将一己私利放在头等位置，为了谋取一己私利，常常朝三暮四，巧言令色，阿谀奉承，自欺欺人。"信"从"人"从"言"，指说话算数、言行一致。在孔子看来，与人交往时必须讲究诚信。孔子一生致力于"信"的教育，他主张交往中"朋友信之"，"与朋友交，言而有信"（《学而》）；做事"敬事而信"（《学而》），"信则人任焉"（《阳货》），"人而无信，不知其可也"（《为政》）。因此孔子要求人"言之必可行"（《学而》），并以"言而无信"为耻。孔子提出："以直报怨，以德报德"（《宪问》），一切依赖中正、正直。孔子说："君子于其言，无所苟而已矣。"（《子路》）需要指出的是，孔子并不将"信"看作是绝对的、无条件的，而是认为"信"要服从"义"，"义"为更高的原则。孔子的弟子有子说："信近于义，言可复也。"（《学而》）就是说，我们认为别人的诺言如果是合乎正义的就可以实行它。在"信"与"义"不可兼得这种特殊情况下，提倡人们牺牲"信"而成就"义"。正如孟子所说："大人者，言不必信，行不必果，惟义所在。"（《孟子·离娄下》）如果一个人不问青红皂白而只知信守诺言，那就是末等的"士"。这一点从孔子与子贡的下述对话里可以明确看出来："子贡问曰：'何如斯可谓之士矣？'子曰：'行己有耻，使于四方，不辱君命，可谓士矣。'曰：'敢问其次。'曰：'宗族称孝焉，乡党称弟焉。'曰：'敢问其次。'曰：'言必信，行必果，硁硁然小人哉！抑亦可以为次矣。'"（《子路》）由此可见，按照孔子的观点，从"信"的角度看，有两种类型的"小人"：一是平日说话习惯于信口雌黄，出尔反尔，言而无信者，正如《增广贤文》所说："易涨易退山溪水，易反易复小人心"；二是过于迷信"信"，甚至即便牺牲"义"也要守"信"者。由此看来，君子守信讲究通权达变，小人守信拘泥而不知变通。

六、勇："君子有勇"

孔子将"勇"作为君子的"三达德"之一，其重视"勇"的程度由此可见一斑。孔子认为，身为君子者，为人必须做到果敢、刚毅、刚强、刚正、耿直，不能软弱无能。同时，孔子认为，君子之勇需要以仁义礼智为规范，否则便是小人之勇、匹夫之勇。第一，勇于仁。君子之勇者好仁，而小人之勇者不好仁。"志士仁人，无求生以害仁，有杀身以成仁"（《卫灵公》），能做到杀身成仁，便是君子之勇。反之，"好勇疾贫，乱也；人而不仁，疾之已甚，乱也"（《泰伯》：喜好勇敢而又恨自己太穷困，就会犯上作乱。对于不仁德的人或事逼迫得太厉害，也会出乱子），专凭敢作敢为的胆量，却不知礼，就会盲动闯祸。好勇而不仁，那就是小人之勇。第二，勇于义。"见义不为，无勇也。"（《为政》）这是说君子应该见义勇为。见义不为，则无君子之勇。第三，勇于礼。君子不争，争而有礼。"君子矜而不争，群而不党"（《卫灵公》），君子争而有节，勇而有礼。"勇而无礼，则乱"（《泰伯》），勇而无礼，就是小人之勇。第四，勇于智。"好勇而不好学，其蔽也乱"（《阳货》），不好学则无智，无智而有勇，是小人之勇，只会犯上作乱而已。第五，勇于耻。孔子认为，君子要"行己有耻"（《里仁》），要有知耻之心，即有道德的自觉，有所不为。《中庸》上说"知耻近乎勇"，在过错面前，不害怕改正错误。知"耻"是一种自我检讨、自勉自励、发愤改善的良好品质。孔子说："见贤思齐焉，见不贤而内自省也"（《里仁》），"过而不改，是谓过矣！"（《卫灵公》）孟子继承了孔子的思想，把"知耻"看作是人所必备的道德修养，"耻之于人大矣"（《孟子·尽心上》）。"耻"也就是"羞恶之心"。总之，在孔子心中，作为君子，"义""礼"的重要性要高于"勇"。勇，应是有义、有礼之节制，而且还要好学，才是可取的。慎言慎行是君子之勇，妄言妄行是小人之勇。小人之勇与君子之勇，在境界、度量上是不可同日而语的。

七、中庸："君子中庸"

孔子是讲辩证法的：他重视忠，却批判愚忠，"邦有道，则仕；邦无道，则可卷而怀之"（《卫灵公》）；君子进也可，退也可，无可无不可，形势使然，便是"时中"；他重视信，却是讲大信而不是小信，"君子贞而不谅"（《卫灵公》）。君子不愚，不固守小节、小信，而讲究大节、大信。君子应该是能随时间、地点、条件的转移而采取不同的方法，做到具体问题具体分析，而不是把什么都规定好，然后按照方案去做的本本主义者。君子要做到"时中"，辩证地看问题，做到合理恰当，在现实生活中，一个人若能以"时中"的方式去待人接物，那就是君子。反之，做事不彻底，浅尝辄止，虎头蛇尾；做人模棱两可，是非不分，庸碌无能和俗气，就是小人。因此，"仲尼曰：'君子中庸，小人反中庸。君子之中庸也，君子而时中；小人之反中庸也，小人而无忌惮也。'"（《礼记·中庸》：君子的言行都符合中庸不偏不倚的标准，小人的言行违背了中庸的标准。君子之所以能够达到中庸的标准，是因为他们的言行处处符合中庸之道；小人之所以处处违背中庸的标准，是因为他们无所顾忌和畏惧）据《论语·先进》记载，孔子答复子贡时说："过犹不及"（做事做过了头，跟做得不够，都不好）。这个论断很有名，体现了辩证法思想，常为后人所称引。孔子讲中庸，《论语》中有关的言论还有几处：孔子说："吾有知乎哉？无知也。有鄙夫问于我，空空如也。我叩其两端而竭焉"（《子罕》：我有知识吗？没有知识。有个粗鄙的人来问我，我对他谈的问题本来一点也不知道。我从他所提问题的正反两方面去探求，尽我的力量来帮助他）。"中庸之为德也，其至矣乎！民鲜久矣"（《雍也》：中庸作为一种道德，该是最高等的了！但人们已经长久缺乏这种道德了）。"不得中行而与之，必也狂狷乎！狂者进取，狷者有所不为也。"（《子路》：我找不到奉行中庸之道的人和他交往，只能与狂者、狷者相交往了。狂者敢作敢为，狷者对有些事是不肯干的）以上几段话容易理解，这是教人认识事物或真理与行事的方法论。孔子认为一切事物之所以正确在于它有一定的"度"，达不到或超过这个"度"，就是错误。中庸所说就是认识这个"度"的方法。这个道理本不难懂，但做到这一步而不犯错误却很难，因为这个"中"或"度"，是因时因地因人而异的，没有一个一成不变的标准，所以孔子慨叹执"中"之难。"两端"，用现在的话说，即事物之所以构成的矛盾两方面。"执其两端"，是指人要把握这矛盾的两方面，做到深知洞晓。"用中"，不是取两个方面之中间，是在矛盾的两个方面里取一个主要的、有决定意义的方面。因为一个事物中的矛盾的主要方面是变化的，把握它极难，要有灵活性。进一步说，"用中"是人的主观上的灵活性准确、恰当地适应事物发展变化之客观灵活性。对于"中庸"一词的解释，最著名的要数北宋著名学者程颢和程颐。据《河南程氏遗书》卷七记载，二程兄弟对"中庸"的解释是："不偏之谓中，不易之谓庸。中者天下之正道，庸者天下之定理"（不偏于一边的叫作中，永远不变的叫作庸。中是天下的正道。庸是天下的定理）。这里的"中"，就是适中、适度、时中，也就是恰到好处之义；"过"和"不及"都是偏，都不合于道，都不是恰到好处。"中"没有"两端"或"中间"之义，在孔孟儒家看来，各执一端与专执其中都有失偏颇，他们非常反对这种处世态度。"庸"则是永远保持恒常之态，既要"择善固执"，又能随着事物的不断发展变化而调整选择最佳的方位和方式，以达到一种和谐平衡的状态。在先秦儒家那里，"中"是相对于事和情形说的，"中"会随时变易，要真正做到中庸，必须有权变思想，这就是《中庸》所说的"君子而时中"。"时中"，也就是随时变易之中，君子必须因时而不断调整自己，与时偕行，与时俱进，即具体问题具体分析，要根据客观事物的变化确定自己的认识和实践上的最佳抉择。可见，一个善守中庸的君子就是一个既要固守中正之道又能敢于打破常规的人，以便将面临的不同事情都能处理得恰到好处。

八、和而不同："君子和而不同"

在君子之道中，孔子讲究以"和"为审美追求的内在精神。在人与人相处上，孔子的第一条原则是"君子周而不比，小人比而不周"（《为政》），"君子矜而不争，群而不党"（《卫灵公》：君子庄重而不与别人争执，合群而不结党营私）。君子博爱而不偏私，小人偏私而不博爱；君子待人公正、宽和，团结合群却不结党营私，不搞小圈子就可以得到更多的朋友，更多的助力。相反，小人待人存有私心，只就利益和某些人互相勾结。其次，孔子主张待人不求全责备，既往不咎。孔子说："君子易事而难说也。说之不以道，不说也；及其使人也，器之。小人难事而易说也。说之虽不以道，说也；及其使人也，求备焉。"（《子路》）这是说，在君子手下工作很容易，讨他的欢喜却难，不用正当的方式去讨他的欢喜，他不会喜欢的；等到他用人的时候，却衡量每个人的才德去分配任务。在小人手下工作很难，讨他的欢喜却容易，用不正当的方式讨他的欢喜，他会喜欢的；等到他用人的时候，便会百般挑剔，求全责备。人无完人，求全责备则将"天下无人"。再次，孔子提倡"和为贵"（《学而》）。强调君子坚持在不同声音、不同观点的前提下对于他人要宽容，要与人为善，协调合作，和谐相处。孔子说："君子和而不同，小人同而不和。"（《子路》）以"和"与"同"作为区别君子与小人的标准之一。君子以"和"为准则，但不肯盲从附和，而敢于阐述自己的意见；小人处处盲从附和，不敢提出自己的见解。在孔子看来，一个人在与他人相处时，如能做到"和而不同"，那就是君子；若是"同而不和"，那就是小人。

"和"与"同"的做法是大有差别的。按照中国先哲的说法，所谓"和"，就如五音合奏，音质不同，唯其不同，才可合而为美妙的音乐。又好比五味调和，风味各异，唯其各异，方能调而为可口之佳肴。所谓"同"，则是他人言是，己亦言是；他人曰非，己亦曰非，完全丧失自己的个性和主见。"和"意味着允许不同个性、不同意见和对立面的共同存在。而"同"则是取消个性，取消差异的绝对同一。所以《中庸》说，君子应该"宽裕温柔，足以有容也；发强刚毅，足以有执也。"所谓"有容"就是能"和"，能够容纳与自己意见不同的人；所谓"有执"，便是"不同"，有所执着，有个性，有主见。可见，用作处理人际关系的准则的"和"，本是指具有不同个性的人之间要彼此尊重，相互理解、沟通，而达到同心同德，协力合作，养成一种共生取向、执两用中、身心和谐发展的独立人格，不要为了一味求同而放弃自己的个性，以至于形成一种依附性的人格。并且，要在不同意见或不同个性中谋求一种"执中"或和谐的状态。与此相反，"同"是指抹杀不同人的个性来谋求单一性的一致之义。君子简重宽宏，自有义理在胸，严己宽人，懂得忍让迁就，凡事可以协商调和。但君子有独立的人格，会坚持正道；小人不论朋友的优劣，表面上好像很合得来，心里却各怀鬼胎，缺乏和衷共济的诚意。正如朱熹所讲："君子尚义，故有不同。小人尚利，安得而和？"古人云："君子之交淡如水"，君子这种纯洁无私的正直的交往，理应建立在相互平等、尊重的基础上。人们向往淡如水的君子之交，首先应让自己心清如水，当每一个人都成为君子，世界将变得清澈、和谐。此即《中庸》所云"致中和，天地位焉，万物育焉"（达到了中和，天地就会各安其位，万物便生长发育了）之境界。

九、文质彬彬："文质彬彬，然后君子"

在孔子看来，君子应该是内在精神"仁"与外在规范"礼"的有机统一，即"文质彬彬"。"文"的概念比较复杂，相当于"文化教养"，即通过学习而得的文化知识素养和文雅庄重的风度仪容，通常又可以将之理解为以"礼"为主的礼乐修养。"质"，即内在于人的朴实本性，通常又将之理解为以仁为主的道德品质。孔子说："质胜文则野，文胜质则史。文质彬彬，然后君子。"（《雍也》）认为一个人若朴实多过文采，就显得有些粗野；若文采胜过朴实，又有虚浮之嫌。只有文采与朴实相互协调的人，既有高尚的品德，又有横溢之才华，才可称得上君子。孔子说："君子去仁，恶乎成名？"（《里仁》）又说："君子义以为质，礼以行之，孙（逊）以出之，信以成之。君子哉！"（《卫灵公》）在孔子看来，理想的君子应做到文质统一，不可偏废。"棘子成曰：'君子质而已矣，何以文为？'子贡曰：'惜乎，夫子之说君子也！驷不及舌。文犹质也，质犹文也。虎豹之鞟犹犬羊之鞟。'"（《颜渊》：棘子成说："君子有好本质就行啦，要文采做什么呢？"子贡说："可惜呀！夫子您这样谈论君子。一言既出，驷马难追。文采如同本质，本质也如同文采，二者是同等重要的。假如去掉虎豹和犬羊的有文采的皮毛，那这两样皮革就没有多大的区别了"）。也就是说，道德品质对于人固然重要，但没有了礼乐文化的熏陶，人还不是一个文化人。可见，"文质彬彬"形容一个人既文雅又朴实，这是中国传统文化所推崇的一种修身境界。孔子的这一主张为后世学者所发扬光大。如《孟子·尽心上》中说："形色，天性也；惟圣人，然后可以践形。"孟子认为人的身体相貌是天生的，一个人即便天生丽质，假若其心灵不美，这种外在美也没有什么值得称道之处，只有通过自己的修身养性，用素养美来充实自然美，使自己兼顾心灵美和外在美，这种人才称得上是圣人。程颐说："君子不欲才过德，不欲名过实，不欲文过质。才过德者不祥，名过实者有殃，文过质者莫之与长。"（《二程集·河南程氏遗书》卷二十五）"文质彬彬"的观点告诉人们，在做人时要将自然美与素养美、仪表美与心灵美有机结合起来。

十、自强："天行健，君子以自强不息"

君子总是自强不息，精进不已，各方面都精益求精，追求完美。首先，孔子认为，君子心里总是存在上进的要求。孔子说："君子上达，小人下达。"（《宪问》）这是说，君子见贤思齐，不断追求进步，小人却自甘堕落。一个人如果想成为君子，那么他就会从修养品德、知识等各方面求进步，而且日日向上；相反，以追求财富利益、安逸的生活为目标，心里只想着私利，品格就日渐卑下了。

孔子非常赞赏《周易》的思想，包括其中的做人之道。孔子曾说："加我数年，五十以学《易》，可以无大过矣。"（《述而》）他阐发《周易·象辞上传·乾卦》的思想，就特别强调"天行健，君子以自强不息"，这说明孔子将"自强不息"作为君子必备的品质之一。其次，君子要有高度的社会责任感和深沉的历史使命感，要有承担责任的精神和勇气。君子应该是一个积极的弘道者，一方面，他们需要不断地"修己"，另一方面，他们在学有余力之际又出来做官以使百姓安乐，实现有道之治，也就是"修己以安人"（《宪问》），这正是君子对"道"追求的内外两个方面。内，就是内在的修身养性，成就君子人格和圣人人格，也就是内圣。外，就是对外部世界和社会民生的关怀，也就是外王。"修己"体现了君子的道德自觉性，而"安人"则体现了君子的社会责任感和历史使命感。修己之极致即内圣，安人之极致即外王，君子人格不仅是道德完美的人，而且追求事功，实现治国平天下的理想。在孔子看来，君子是可以"大受"之人，"君子不可小知，而可大受也；小人不可大受，而可小知也。"（《卫灵公》：君子不能让他们做那些小事，但可以让他们承担重大的使命。小人不能让他们承担重大的使命，但可以让他们做那些小事）；曾子说："可以托六尺之孤，可以寄百里之命，临大节而不可夺也。君子人与？君子人也。"（《泰伯》：可以把幼小的孤儿托付给他，可以将国家的命脉寄托于他，面对安危存亡的紧要关头，能够不动摇屈服。这样的人是君子吗？这样的人当然是君子啊）说明只有君子之"德""才""位""智"兼备，才堪重任。同时，孔子强调君子要有承担责任的精神和勇气，能客观地认识到自己的不足和别人的优点，在与人发生误解或产生矛盾时，君子自然是反省自己言行中的不足。"君子求诸己，小人求诸人"（《卫灵公》），《礼记·射义》里有段话，很能说明这个道理，"射者，仁之道也。射求正诸己，己正而后发，发而不中，则不怨胜己者，反求诸己而已矣！"认为射箭的道理就是仁德的道理，射箭时先要端正自己的姿态，站得端正、要领正确才发箭，发箭后射不中，不会埋怨比自己优胜的人，反过来探求自己射不中的原因。为此，君子总是奋发努力，要求各方面做到最好，事情做得不好，要从自身探求原因，予以检讨和改善。而且知错能改。子贡曰："君子之过也，如日月之食焉。过也，人皆见之；更也，人皆仰之。"（《子张》）与君子相反，"小人之过也必文"（《子张》），小人犯了错误一定巧妙掩饰，巧言辩解，文过饰非。一旦与他人发生纠纷时，总觉得自己简直是真理与美德的化身，过错都在他人身上，自然只会"求诸人"（《卫灵公》）。第三，君子重践履。孔子强调要做"躬行君子"（《述而》），强调所学必须付诸实践，落实到日常生活待人处事上来，反对空谈和言行不一。子贡向孔子请教怎样可算是一个君子，孔子说："先行其言，而后从之"（《为政》）。他认为，君子就是先行动、先做事，行动完了，再说。孔子又说："君子耻其言而过其行"（《宪问》），认为君子以自己说的话超过他自己所能做到的事为可耻。一个君子，说的话要尽力履行，所以说话前要慎重考虑，先用行动实践了，再把道理说出来，如果把事情看得太容易，说了却做不到，反而会招致别人的批评。许多人总是希望得到别人的认可甚至赞美，或把自己的能力估计得太高，这就犯了说了而不能做到的过失。最后，孔子主张，学不是"为人"，为了炫耀于人，而是"为己"，是为了充实自己、成就自己、完善自己，是学以成人。孔子提倡"为己"之学，反对"为人"之学，要求"下学而上达"（《宪问》），对人生精神境界进行提升。《荀子·劝学》云："君子之学也，以美其身；小人之学也，以为禽犊。"再进一步说，学习和工作，都是为了达到自己的理想，从而体会到成功的喜悦。孔子说："人不知而不愠"（《学而》），说的也是同样的道理。

综上所述，孔子从诸多方面分析了"君子"和"小人"品德修养和做人态度的不同，以"小人"反衬"君子"，从而阐释了做人的道理。总的说来，君子一般是用"兼容多端而相互和谐"的思想来处理天人、人我和身心关系。君子人格实际上是一种具有仁爱、平等、尊重、宽容、自律、刚毅、通达、担当等的人格特质，且具共生取向、执两用中、身心和谐发展的独立人格，具备和谐精神的典型人格正是孔子及先秦儒家等所倡导的君子人格。

第二节　君子文化的现实价值

君子之道是儒家文化及其核心价值观的具体体现。作为儒家文化基础的价值取向和思维方式是心性之学和天人之学。根于心性的价值取向与知命合天的思维方式以及仁、义、礼、智、信等构成了君子之道的本质内涵。其实，儒学真正的本质是一种关于人的学问。儒家学说乃至整个中华传统文化，很重要的内容是阐扬仁、义、礼、智、信，以及忠、孝、廉、悌等众多为人处世的伦理和规范。这些伦理规范或者说美好品德，最终都聚集、沉淀、融入和升华到一个理想人格即"君子"身上。君子作为孔子心目中的崇德向善之人格，既理想又现实，既尊贵又亲切，既高尚又平凡，是可见、可感又可学、可做，并应学、应做的人格范式。

习近平总书记指出："文化自信是更基础、更广泛、更深厚的自信。"自信首先在于对传统文化的自信。他特别强调"使中华民族最基本的文化基因与当代文化相适应、与现代社会相协调，以人们喜闻乐见、具有广泛参与性的方式推广开来。"推进中华优秀传统文化的创造性转化、创新性发展，以不忘本来、吸收外来、面向未来的姿态创造我们的文化业绩。在现代社会中，如何让中华传统文化焕发出新的生命力，为解决当下中国人的安身立命问题提供思想资源，这是学界努力的方向。

第一，从人格与国性的角度来阐释，人格如何，关乎国家命运。近代思想家就特别推崇君子人格教育，如近代中国最早"开眼看世界"的杰出启蒙思想家严复，认为经典教育的第一目的是培养人格，对于所有国民而言，做人是第一位的，没有人格就不能算人。"无人格谓之非人""无国性谓之非中国人"，丧失国性就不配做中国人。人格是针对个人而言，国性则是针对民族而言。一个民族的发展，当然要有经济实力做后盾，这是不言而喻的。另外要具备两个前提，一是民族内部的文化认同，这是民族是否具有凝聚力的关键；二是民族整体文化素质要高。严复指出，中国经典指示的君子理念，值得珍视，"凡皆服膺一言，即为人最贵"，对于提升民族素质极为有益，只有民族总体素质提升了，才能谈及民族的发展。

1914年，近代思想家、教育家梁启超曾应邀在清华大学做了题为《君子》的著名演讲，通篇所谈都是人格教育，他鼓励学生树立远大理想，培养完全人格，要做"真君子"。他说："《鲁论》所述，多圣贤学养之渐，君子立品之方，连篇累牍势难胪举。周易六十四卦，言君子者凡五十三，乾坤二卦所云尤为提要钩元（玄）。"他的演讲深深打动了清华大学师生，之后不久，清华大学就把"自强不息，厚德载物"定为校训。

1926年10月3日，近现代学术史上集疑古之大成的疑古大师顾颉刚，在厦门大学纪念孔子诞辰的会议上做了题为《孔子何以成为圣人》的演讲，演讲时说道："各时代有各时代的孔子。……春秋时的孔子是君子，战国时的孔子是圣人，西汉时的孔子是教主，东汉后的孔子又成了圣人，到宋代又快要成为君子了。孔子成为君子并不是要薄待他，这是他的真相，这是他自己愿意做的。"孔子的确是君子，是有血有肉讲原则知变通的真君子。

第二，从人格自信与文化自信的角度来分析，民族之文化自信仰仗于个体生命之自悟与自信。由对华夏文明的衷心热爱与自豪感而生发出来的文化自信，表现在个体的身上，便是一种不疑不惧、"不怨天、不尤人"、坦然自若的君子品格。《周易·乾卦·文言》曰："君子以成德为行，日可见之行也。"张载解之谓："'成德为行'，德成自信而不疑。"（《横渠易说·乾》）也就是说，君子"成身成性以为功"，日见其成，怀德而行，则无所疑惧，心地坦荡；反过来，自信也是修为成德的一种必然表现。明代大儒薛瑄说道："所见既明，当自信，不可因人所说如何，而易吾之自信。君子取人之德义，小人取人之势利。疑人轻己者，皆内不足。"因为修身立德，内心才有了道德的标准，故做人、做事便有原则与定力，就不怕别人的毁誉，不为外力所左右。所以，薛瑄力倡"人当自信"，谓："人当自信、自守，虽称誉之、承奉之，亦不为之加喜；虽毁谤之、侮慢之，亦不为之加沮。"这种独立遗世的品格，完全是因为个人的内心有了定准，胸怀天下，浩气凛然，有坚定的道德理想信念。这样的自信是和中华文化的大传统联系在一起的，受华夏文明雨露的滋养，每个个体之情志的养成、品行的涵育、识见的积累，乃至健全人格的完型，无不和这个传统联系在一起，大到立身做人的品节，小到日常生活之细事，都受到其观念的影响和文化的熏陶。所以，民族之文化自信必然仰仗于个体生命之自悟与自信，没有自信的人格，便没有自信的文化。

第三，从君子与理想人格的角度来辨析，君子更具有普适性和感召力。一般意义上说，君子是一种理想人格，但严格地说，两者是有区别的。理想人格并不是人人都能够成就的一种人格，它作为一种理想，是为每一个人树立的道德楷模，人人都有可能实现，但并不等于每个人都能实现。君子则不同，君子是普通人在日常生活中应该努力、也应该做到的。因此，君子并不是严格意义上的理想人格，但他是不断追求并自觉践行理想人格的优秀人格，是不断趋向于理想人格的现实人格。这并不是否定或降低君子的价值，恰恰相反，君子与理想人格相比，更具有普适性和感召力，更具有独特的价值。君子概念历久而弥新、古老而鲜活，至今仍保存着旺盛的生命力。君子人格在不同阶层人群，包括社会底层老百姓中都有相当的知晓度和认同度，君子风范今天仍被绝大多数中国人奉为做人的标准。

第四，从君子文化与儒家文化关系的角度来讲，儒家文化发展丰富了君子内涵。"君子"的核心内涵相对稳定，同时又随着文化的发展而不断丰富。在此过程中，儒家文化做出了重要贡献。从历史上看，中国传统文化最终形成了以儒为主的基本格局，这在君子文化中也有所体现。儒家的理想人格及其对理想人格的追求，不断丰富着中国文化中的君子内涵。如儒家的自强不息、见贤思齐等，都成为君子文化的丰富内涵。

第五，从君子与"正义"的角度来看，正义美德和君子人格相得益彰，乃是现代社会最需要的美德。因时过境迁，今日我们似乎不可对君子的标准定义过高，能始终不渝地做到"己所不欲，勿施于人"，就是君子。一个人能恪守恕道，就不失仁心，就意味着他不难养成正义美德。一个具有正义美德的人敬重法则，自觉地按合乎正义的法则办事，为官则依法行政，为民则自觉守法。其实，现代正义包含最低限度的仁爱。一个有正义美德的人，敬重自己心中的道德律，敬重奠基于道德律的一切法则（包括法律），也会敬重所有人的尊严而不失仁心，故而堪称君子。这样的人越来越多，人与人之间才会互相信任。

第六，从君子文化与人类文明的角度来分析，君子文化是富有启示的人类精神资源。通常把儒家的君子文化理解成个人修养，其实儒家的思考从来都是立足于个人而寄望于社会的。儒家谈君子，目标是建立人类文明。当今世界，和平与发展虽是主流，但全球并不安定。正在走向复兴的中国给人类带来怎样的愿景，是一个关键性问题，而儒家的君子文化是富有启示的精神资源。中华文化在历史变迁中形成了自己的特质，如何传承此特质而呈现于世界，这是时代的挑战。今日谈儒家君子文化，既需要对自己的文化高度自觉、自信，又需要有开放的视野，传承创新。人类的分歧与冲突虽然难以避免，但君子却应坚持以和平的方式面对与化解。

总之，君子文化彰显着民族深沉精神追求和独特精神标识。做人要做君子，这是中华民族世代相传的祖训，像血液一样流淌在每个中华儿女的内心，已不同程度地成为中华儿女做人做事的人生信条，以一种日学而不察、日用而不觉的方式，影响和调节着人们的价值判断和行为方式。其实，我们每个人的内心、基因、血液里都渗透着这些内容。人的精神世界的丰满，需要文化的滋养；一个国家和民族精神家园的丰厚，更需要文化的认同。从优秀传统文化美德中汲取营养，激活和焕发人们内心由传统文化长期熏陶而形成的价值理念，是确立、培育和践行社会主义核心价值观的必修课。"君子"意味着不断地超越自我、超越庸俗，是高远境界的标杆。"君子"也是一个富有时代风采的概念，携带着时代的气息，镌刻着时代的印迹。君子文化就像一条奔腾不息的大河，冲刷着旧物的束缚，吟唱着新生的欢歌，总是保持活力与朝气。君子文化的魅力就在于守正出新、与时俱进。倡扬君子文化，既要向后看，也要向前看，而最紧要的是把握当下。既然如此，界定、培育和弘扬君子人格就是让中国传统文化焕发出新的生命力，为解决当下中国人安身立命问题提供思想资源的一项重要举措。

第三章　君子类型与现代社会

🌸 阅读提示 🌸

具备了君子人格的人，因其社会分工、本来基础、外在环境，尤其自身修养方面的差异，而风采各异，不会千人一面。按照儒家的传统阐释，综合古今君子的杰出表现，归纳千百年来人们对君子的称谓，可分为忠恕君子、宽厚君子、仁德君子、情义君子、谦谦君子、诚信君子、中和君子和亲民君子。我们在追求、修炼君子人格的过程中，要努力按照君子的标准全面从严要求自己，扬长补短，力争成为在某一方面有鲜明特色的君子。

儒家阐发的君子之学内容丰硕，包括君子人格形象的本体依据、君子结构的构成要素、君子的外在表征、君子的社会地位、君子的规范准则、君子的胸怀境界、君子的存在形态、君子的价值观念、君子的精神情感、君子的修身工夫等。那么，越来越多的人按照君子人格的标准长期修养，力争成为君子，并在社会上蔚成风气，将给社会带来怎样的变化？在打造君子人格的大趋势下，每个人因为社会分工、本来基础、外在环境和自身修养方面的差异，达到的成效也会不同，最后，虽然同样具备了君子人格，成为人们尊敬的君子，但却不会千人一面，而是风采各异的。少数的人各种美德集于一身，多数的人则在某些方面引人注目。他们同样受到人们的尊重。这样的君子多了，我们的社会就会更加和谐，发展进步就会更好，人们的生活也会更有幸福感。按照儒家的传统阐释，综合古今君子的杰出表现，归纳千百年来人们对不同类型君子的称谓，可把君子分为以下八种类型，即忠恕君子、宽厚君子、仁德君子、情义君子、谦谦君子、诚信君子、中和君子和亲民君子。他们在不同方面共同发力，共同营造了社会的君子之风。

为使大家了解古代君子多彩的风貌，下面予以分别阐述。

第一节 爱人：忠恕君子

儒家从多种维度确定了君子应当具有爱人、利人的优良品质。以这种品质为主要特色的人，人们一般称其为忠恕君子。

一、以孝悌为本

在孔子弟子有子看来，由于本立道生，因此君子必须专注于事情的根本，尤其要掌握孝悌这一行仁的根本，为履行仁爱他人的道德义务奠定实践基础："君子务本，本立而道生。孝弟也者，其为仁之本与？"（《论语·学而》）不论是作为儒家伦理的核心要义"仁"，抑或是为仁爱奠基的"孝弟"，无一不彰显了君子利他主义的道德情怀。没有利他主义的道德情怀，就不能成为君子。

二、成人之美

《礼记》从君子治民的角度引述孔子的话借以表明君子舍己为人的道德价值取向："君子贵人而贱己，先人而后己，则民作让，故称人之君曰'君'，自称其君曰'寡君'。"孟子强调大舜"善与人同，舍己从人，乐取于人以为善"（《孟子·公孙丑上》）。如此虽然体现了圣人的成人之道，却也指向君子之道，而他正是从尧、舜、禹等古圣先贤的与人为善事理中推出了"故君子莫大乎与人为善"（《孟子·公孙丑上》）的道德戒律。荀子阐发了"君子崇人之德，扬人之美"的向上向善美德。他说："君子崇人之德，扬人之美，非谄谀也；正义直指，举人之过，非毁疵也；言己之光美，拟于舜、禹，参于天地，非夸诞也……以义变应，知当曲直故也。"（《荀子·不苟》）对于荀子而言，君子往往根据道义随机应变并决定事情的是非曲直，他推崇别人的德行，赞扬别人的优点，并不是为了献媚；他基于公正的议论直接指出他人的过错，并不是出自诽谤挑剔；他赞美自己并不是为了浮夸、欺骗。君子不论是扬人之善抑或是责人之过，均是出于正义、公心和良善的动机，是出于帮助他人自我完善、自我进步以成人之美的他人导向责任心。

三、修己安人

儒学本质上是为己之学与为人之学的辩证统一，这一点在其君子观上同样得到了充分展现。孔子的君子之学固然把有德有位的君子的修己置于重要地位，但是他认为君子修己的根本目的不仅是为了获得别人的尊敬，还是为了使他人和百姓得到安乐：

> 子路问君子。子曰："修己以敬。"曰："如斯而已乎？"曰："修己以安人。"曰："如斯而已乎？"曰："修己以安百姓。修己以安百姓，尧舜其犹病诸！"（《论语·宪问》）

由依次递进的修己以敬、修己以安人和修己以安百姓三大内容所构成的君子之道，很好地诠释了君子利他主义的伦理情怀和担责意识，它既现实又高远；加之天下之大、世道之繁，即便是尧、舜之类的圣贤也未必完全能够做得到治国平天下。

四、敬以直内

《周易》主张君子要用恭敬之心端正自己内在的思想观念，用道义规范自己外在的行为，"君子敬以直内，义以方外"（《周易·坤卦·文言传》）。然而，儒家不仅讲君子敬己，也讲君子敬事、敬人。子夏推崇的为政之道和君子之道就力主君子做事之前必须取得别人的信任："君子信而后劳其民，未信，则以为厉己也；信而后谏，未信，则以为谤己也。"（《论语·子张》）有位有德的君子，对下要役使百姓，首先必须取得他们的信任，否则他们就会以为是在虐待自己；对上要对君主进谏，首先应当获得他们的信任，否则他们就会认为是在诽谤自己。显而易见，无论是"信而后劳"，还是"信而后谏"，均显现了对他人人格、思想等的尊重、尊敬，这两者既是有效的协调人际关系的政治智慧，也是合理的处理自己与他人关系的政治责任和道德义务。

第二节　容人：宽厚君子

《周易》创发了"地势坤，君子以厚德载物"（《周易·坤卦·象传》）的光辉命题，它从天道与人道合一的思维出发，塑造了华夏子孙博大、宽容的君子情怀。后世儒家一般性地揭示了忠恕之道，《大学》在论证治国在于齐家思想时同样提出了"君子有诸己而后求诸人，无诸己而后非诸人"的"絜矩之道"。儒家不但倡导所有人都应当涵养自己宽以待人的品格，而且尤为重视君子宽以待人、善待他人的忠恕之道。

一、不知不愠

对人宽容既是一种君子的优秀人生态度和高尚境界，也是一项君子对待他人的伦理责任，因此《论语》首章就提出了"人不知而不愠，不亦君子乎"（《论语·学而》）的道德情感。别人是否了解我、理解我，这不是自己所能左右得了的；要做到他人误解我，甚至冤枉我却不恼怒实非易事，大概只有具有宽容之心和博大胸怀的君子才能做到。犹如朱熹所说，"不知而不愠者逆而难，故惟成德者能之"（《论语集注》）。当然，君子之所以能够做到"人不知而不愠"，之所以能够宽容别人，还在于孔子阐明的君子特别注重自我负责，更愿意从自身寻找不应恼怒的根源。这就是他所说的君子担心自己无能，而不担心别人不知道自己："君子病无能焉，不病人之不己知也。"（《论语·卫灵公》）

二、求诸自己

孔子说："君子求诸己，小人求诸人。"（《论语·卫灵公》）这句话的字面意思是君子要求自己而小人总是要求别人，而其深层意旨则是君子遇到问题、出现差错时注重从自身找原因，体现了自我负责、自我担责的人生态度；而那些小人一旦出现差错、碰到挫折总是想方设法归结为别人的过错，力图撇清自己、推卸责任，从而缺乏自我承担的勇气和魄力。董仲舒依据"以仁安人，以义正我"，"仁之法，在爱人，不在爱我；义之法，在正我，不在正人。我不自正，虽能正人，弗与为义；人不被其爱，虽厚自爱，不予为仁"（仁的原则是爱人，不在爱护自己，义的原则是匡正自己，不在纠正别人。自己不匡正自己，即使能纠正别人，也不能算作义。别人没能接受你的爱，即使自爱有加，也不能算作仁），"爱在人，谓之仁；义在我，谓之义。仁主人，义主我也"（爱心在别人身上叫作仁，合适在自我身上叫作义。仁是以别人为主，义是以自我为主）等思想观念构成的仁义法，以及"故自称其恶谓之情，称人之恶谓之贼；求诸己谓之厚，求诸人谓之薄；自责以备谓之明，责人以备谓之惑"（自己举发自己的丑恶叫作实，称举别人的丑恶叫作贼；对自己要求严格叫作厚，对别人要求严格叫作薄；对自己责求的周全详备叫作明，对别人责求的周全详备叫作惑）的己他观，强调君子要注重"求仁义之别，以纪人我之间，然后辨乎内外之分，而著于顺逆之处也"，主张君子必须坚持以仁治人、以义治我，做到像孔子所说的那样"攻其恶，无攻人之恶"（《论语·颜渊》），培育"躬自厚而薄责于外"（《春秋繁露·仁义法》）的宽容精神。

三、宽以待人

《周易》创造性地提出了"君子以容民畜众"（《周易·师卦·象传》）的宽容理念，孔子弟子子张忠实地继承了这一君子观，指出："君子尊贤而容众，嘉善而矜不能。我之大贤与，于人何所不容？我之不贤与，人将拒我，如之何其拒人也？"（《论语·子张》）子张认为，假如我是一个贤人，那么对别人无疑要宽容；假如我不贤良，那么他人就会拒绝我，而且我自己也没有资格拒绝别人；出于此，君子就应当尊敬贤人、容纳众人，并且要学会赞美好人、怜悯能力差的人。

说起君子宽以待人的品格，不能不提及荀子君子之学的独到见识。荀子崇奉的为人之道是：君子能则宽容易直以开道人，不能则恭敬缚绌以畏事人；小人能则倨傲僻违以骄溢人，不能则妒嫉怨诽以倾覆人。故曰：

> 君子能则人荣学焉，不能则人乐告之；小人能则人贱学焉，不能则人羞告之。是君子小人之分也。（《荀子·不苟》：君子有才能，别人学习他也觉得光荣，没有才能，别人也会乐于告诉他应怎样做；小人有才能，别人学习他也觉得卑贱，没有才能，别人也耻于告诉他怎样做。这就是君子和小人的区别了。）

故君子之度己则以绳，接人则用抴。度己以绳，故足以为天下法则矣；接人用抴，故能宽容，因众以成天下之大事矣。故君子贤而能容罢，知而能容愚，博而能容浅，粹而能容杂，夫是之谓兼术。（《荀子·非相》）

君子用墨线约束自己，因而完全可以成为天下人效法的楷模；君子用渡船似的胸怀接待别人，所以能够宽容人，并依靠众人而成就天下的大事；如此一来，君子能够海纳百川、兼容并蓄，不像小人那样自己无能就嫉妒人、有能就骄傲自满；君子自己贤能而能容纳无能的人，并且宽宏大量、平易正直且开导他人，如若自己无能，则恭敬、谦让且谨慎侍奉别人；君子聪明而能容纳愚昧的人，见闻广博而能容纳肤浅的人，心灵纯洁而能容纳品行驳杂的人。显而易见，荀子在此侧重于赞扬君子容人的心胸，而非颁布君子应当怎么做的义务诫命，然而，荀子如此肯定君子的所作所为，必定意味着他对君子宽以待人、兼爱众人责任的大力倡导。即便对小人，朱熹也赞许可以而且应该给予宽容。根据现实政治经验，他认识到君子无害于小人，可小人常常对君子产生很大的伤害，"君子之于小人，未能及其毫毛；而小人之于君子，其祸常大"[1]，因而强力主张要去掉小人，但是他也肯定君子应当宽恕小人，只是必须要看正当不正当，千万不可过当："圣人亦有容小人处，又是一截事。且当看正当处。"[2]

四、赦人之过

《周易》云："君子以赦过宥罪。"（《周易·解卦·象传》）君子并非十全十美，他也会犯错，但是他就像子贡所说的那样对自己的过错从不加掩饰，所以如果他改过，民众会一如既往地景仰他："君子之过也，如日月之食焉。过也，人皆见之；更也，人皆仰之。"（《论语·子张》）反过来，对于别人的过失，君子总是基于关爱的角度给予宽容，而不是苛刻地追究其责任。据《论语》载：

> 周公谓鲁公曰："君子不施其亲，不使大臣怨乎不以，故旧无大故，则不弃也，无求备于一人。"（《论语·微子》）

周公对长子鲁公伯禽提出了三条做事的政治伦理：作为一个君子，第一，不要怠慢自己的亲族之人，不要让大臣埋怨不任用、信任他们；第二，对自己的旧臣老友，如果他们没有很大的过失，就不要舍弃他们；第三，对任何人都不要求全责备。从不施罪于人到不使大臣埋怨，从不轻易遗弃故旧到不求备于人，无不体现了周公关于君子应当宽以待人的政治胸怀，而"故旧无大故，则不弃也"更是彰显了君子赦人之过和善待他人的良好气度。

第三节　尚仁：仁德君子

儒家的仁学把仁视为人的道德本源和本根，而仁的本质规定就是爱人——既爱自己又爱他人，"仁"最为充分地体现了利他主义的品格。诚然，儒家也承认君子有不讲仁爱的时候，孔子就从君子与小人对比的角度断定君子也做过不仁不义的事："君子而

[1]（宋）黎靖德：《朱子语类》卷第一百二十九，王星贤点校，北京：中华书局，1994年，第3092页。
[2]（宋）黎靖德：《朱子语类》卷第一百二十九，王星贤点校，北京：中华书局，1994年，第3092页。

不仁者有矣夫，未有小人而仁者也。"（《论语·宪问》）他甚至公开承认君子也有自己讨厌的人和事："恶称人之恶者，恶居下流而讪上者，恶勇而无礼者，恶果敢而窒者。"（《论语·阳货》）那么君子不仁、君子恶人与君子爱人是不是存在逻辑矛盾呢？其实二者并不冲突。首先，儒家也承认圣贤会犯过失，君子并非绝对完满的，同样也会因为种种主观和客观的原因而不爱人。其次，如孔子所说的"唯仁者能好人，能恶（wù）人"（《论语·里仁》）一样，君子爱憎分明，普遍地说他爱所有的人，特殊地说他对那些坏人、恶人就不可能爱也不应当爱。再次，君子具有通权达变的智慧，也具有既爱人又恶人的双重选择，他并非人们想象中的好坏不分的好好先生，而注重明辨是非、分辨善恶，因而也有君子之恶，这就是憎恶到处宣扬别人的过错的人，憎恶处于下位而毁谤上位的人，憎恶看着勇敢却不懂礼节的人，憎恶刚愎自用的人。

仁是儒家思想的核心，作为仁智兼具的君子，作为具有较高才智、德性和能力的君子，儒家自然会突出它重仁、近仁、向仁和行仁的特质，自然更为彰显他肩负起关爱他人的道德义务。曾子从如何交友的视域提出了"君子以文会友，以友辅仁"（《论语·颜渊》）的规范，而荀子则从语言伦理的角度强调"君子之行仁也无厌"（《荀子·非相》）的观念，孔子和孟子则分别提出了君子以仁制欲的个人品性伦理和事君志于仁的社会公共伦理。

一、以仁制欲

孔子说："富与贵，是人之所欲也；不以其道得之，不处也。贫与贱，是人之所恶也；不以其道得之，不去也。君子去仁，恶乎成名？君子无终食之间违仁，造次必于是，颠沛必于是。"（《论语·里仁》）追求富贵与规避贫贱是所有人向往的，就算君子也莫不如此。但是，区别于凡人，君子之所以成其为君子，就在于他时刻保守仁德，始终按照仁道原则来决定富贵与贫贱的价值取舍，而且他能够在紧迫危机和颠沛流离之时无一不遵循仁德办事。如此的以仁制欲行为，既是君子面临各种人生际遇能够超然于世的优秀品质，也是他深沉的为人处世态度所在。

二、事君志于仁

毋庸置疑，孟子的君子之学最有原创性的贡献是他提出了影响甚巨的"君子之于物也，爱之而弗仁；于民也，仁之而弗亲。亲亲而仁民，仁民而爱物"（《孟子·尽心上》：君子对于万物，爱惜它，但谈不上仁爱；对于百姓，仁爱，但谈不上亲爱。亲爱亲人而仁爱百姓，仁爱百姓而爱惜万物）。而孟子在儒学史上还提出了著名的"仁政"说，据此反对战争杀伐的霸道政治，而在讨论君子如何侍奉君主时，他指出仁者不会借杀戮而争得领土："徒取诸彼以与此，然且仁者不为，况于杀人以求之乎"（《孟子·告子下》）：不用战争而把彼国的土地拿给此国，仁者尚且不为，何况是用战争屠杀去求取得到呢）？并说："君子之事君也，务引其君以当道，志于仁而已。"（《孟子·告子下》）君子的政治伦理责任，在于侍奉君主之时有志于推行仁道，致力于引导君主，使其行事合于理、当于道。

第四节　重义：情义君子

"情义无价"。儒家认为一个真正的君子必须善于处理义利关系，必须坚守人间大义，必须重义轻利，做到有情有义。这样的人一般被称为情义君子。

一、义以为上

孔子不仅着眼于社会治理视野，指出君子可以晓之以义而小人只能晓之以利："君子喻于义，小人喻于利。"（《论语·里仁》）还从德行伦理学角度主张"君子之于天下也，无适也，无莫也，义之与比。"（《论语·里仁》）君子对于天下的事，不承诺可以做与不可以做，只是依据道义来行事。由此表明，君子具有惟义是从的强烈道德责任担当。与此同时，孔子从行为伦理的角度要求君子以义作为一切行动的根本，把礼作为行义的节制性准则，用谦逊的语言表达正义，用忠诚的态度来完成自己承担的适宜的事务："君子义以为质，礼以行之，孙以出之，信以成之。"（《论语·卫灵公》）进一步，孔子把义作为君子勇敢是否合理、是否带来秩序的重要尺度和约束条件，由此强调君子必须把道义置于重要地位："君子义以为上，君子有勇而无义为乱，小人有勇而无义为盗。"（《论语·阳货》）他的弟子子路主张作为一个君子应当通过出仕为官来践履推行道义的历史使命："君子之仕也，行其义也。"（《论语·微子》）既然君子是一位既具有仁义的内在品德又讲求诚信的人，这就表明他是一个有情有义的真君子，是一个可以信赖的、负责任的、可靠的人。当君子接受了别人的委托，就有责任兑现自己的诺言，不顾一切地做自己该做的事，即使是忍辱负重以致舍生取义也在所不惜。

二、皆适于义

孟子在齐国、宋国和薛国君王分别赠送馈金时，有时接受有时不接受，一切根据是否合义来决定，只要合义就都是对的："皆是也。皆适于义也。"（《孟子·公孙丑下》）而且还以反问的方式不无感慨地指出哪有真正的君子会被人用金钱收买的道理："焉有君子而可以货取乎？"（《孟子·公孙丑下》）这表明，一名真君子应当挺立起以义为重、义以为质、义以为上、见得思义的道义责任，而决不能见钱眼开、见利忘义，不然就会降格为伪君子、假道学。

三、重视道义

荀子虽然并不完全否定人对利的正当追求，但是他推崇的士君子是那种"志意修则骄富贵，道义重则轻王公，内省而外物轻矣"（《荀子·修身》：志向远大就能傲视富贵之人，崇尚道义就会藐视王侯，自思无所愧疚就不会为外物所动）的人，他遵循的人生准则是重义轻利，不同别人争权夺利，讲究的是心安理得、道义至上："身劳而心安，为之；利少而义多，为之。"（《荀子·修身》）强烈的责任感驱使他不因贫穷困厄而放松对道义的追求："故良农不为水旱不耕，良贾不为折阅不市，士君子不为贫穷怠乎道"（《荀子·修身》：所以好的农夫不会因为洪涝、干旱之灾而不耕田，好的商人不会因为亏损而不做生意，士君子不会因为贫穷而懈怠于道）。

第五节　尚礼：谦谦君子

谈及君子，给人的印象必定是讲究礼貌谦逊、行为文明的人，如同英国古代的绅士。儒家正是在此意涵上对君子做了解说，塑造了"谦谦君子""淑人君子"的人格形象。

一、无争揖让

君子讲礼必定谦让，使自己成为"谦谦君子"（《周易·谦卦·象传》）。虽然任何社会、任何时代都充满竞争，但是孔子认为君子即便参与竞争也必须讲究礼仪，应当守规矩："君子无所争。必也射乎！揖让而升，下而饮。其争也君子。"（《论语·八佾》）按照儒家一贯的重礼、尊礼的思想主旨，《礼记》提纲挈领地指出"君子恭敬撙节退让以明礼"（《曲礼》）。

二、文质彬彬

礼貌与文明息息相关，故此儒家特别推崇君子的"礼文"修养。孔子曾经明确要求"君子博学于文，约之以礼"（《论语·雍也》）。需要强调的是，孟子虽然也肯定君子要"中道而立"（《孟子·尽心上》），但他偏重于强调君子内在德性本质的修养而否定体现虚假恭敬感情的礼文的拘束："恭敬而无实，君子不可虚拘。"（《孟子·尽心上》）而孔子则依据中庸之道十分注重君子内在的特质与外在的文饰的有机结合，认为"质胜文则野，文胜质则史。"因而主张应当在文与质之间保持中道、配合得当，以做一个文质彬彬的君子："文质彬彬，然后君子。"（《论语·雍也》）与此相一致，《礼记》也要求君子讲究服饰、容貌、语言和品德，以实现内在德性与外在文饰的完美统一："君子服其服，则文以君子之容；有其容，则文以君子之辞；遂其辞，则实以君子之德。"（《表记》：君子穿上他们的衣服，还要用君子的仪容来修饰；有了君子的仪容，还要用君子合乎礼义的言辞来修饰；有了君子的言辞，还要用君子的德行来充实自己）

三、恭而有礼

大概受到孔子"恭而无礼则劳"（《论语·泰伯》）思想的影响，弟子子夏安慰司马耕说，一个君子只要为人处世做到"敬而无失，与人恭而有礼"，那么"四海之内，皆兄弟也"（《论语·颜渊》）。这表明君子应当对人既谦恭、尊敬，又有礼、近礼。论到聘射之礼之际，《礼记》阐明了君子在处理君臣、父子、长幼人际关系上坚持行动上极力推行礼节的风范："日莫人倦，齐庄正齐，而不敢解惰，以成礼节，以正君臣，以亲父子，以和长幼。此众人之所难，而君子行之，故谓之有行。"（《聘义》：天色已晚，人们都疲倦了，但还神态端庄，班列整齐，不敢有丝毫懈怠，坚持完成各种应有的礼节。以此来使君臣正位，父子相亲，长幼和睦。这是一般人办不到的，而君子却能办得到，所以称君子为有行）

第六节　重信：诚信君子

在儒家看来，不仅普通人要诚实守信，君子更应该讲求诚信伦理，表现出讷言敏行、口惠实至和能为可信的气度来。

一、讷言敏行

孔子特别强调君子的诚信伦理，认为一个君子应当少说多做："君子欲讷于言而敏于行。"（《论语·里仁》）在回答弟子子贡所问君子之道时，他断言做一个地道的君子理应在行动中兑现自己的诺言，等到做了之后再说出来，而不要只说不做："先行其言而后从之。"（《论语·为政》）这意味着君子应当做一个讲信誉的人。孔子倡导的为政之道力主"正名"，主张德位一体的君子一旦名位确定后，一定要说得出口；而说得出口就一定要做得出来，做到口实一致、言行合一，而不能马马虎虎："故君子名之必可言也，言之必可行也。君子于其言，无所苟而已矣。"（《论语·子路》）孔子更是强调君子应当以言过其行而感到羞耻："君子耻其言而过其行。"（《论语·宪问》）

二、口惠实至

《礼记·表记》借孔子之言既讲述了儒家的仁义之道，又着重论述了君子的诚信品格，提出了"君子隐而显，不矜而庄，不厉而威，不言而信"（有德行的人虽然隐居林泉，但品德发扬，声名显著；不故作矜持而自然端庄，不故作严厉而自然令人生畏，不必讲话，却会得到人们的信任），"君子不失足于人，不失色于人，不失口于人，是故君子貌足畏也，色足惮也，言足信也"（德行高尚的君子，对人的一举一动没有不得体的地方；对人的一颦一笑没有不合适的地方，对人的一言一语没有失礼的地方。所以君子的容貌足以令人生畏，脸色足以令人畏惧，讲话足以令人信服），"是故君子恭俭以求役仁，信让以求役礼，不自尚其事，不自尊其身，俭于位而寡于欲，让于贤，卑己尊而人，小心而畏义，求以事君"（所以君子恭敬谦逊以求做到仁，诚信谦让以求做到礼；不自己夸耀自己做过的事，不自己抬高自己的身价；在地位面前表现出谦逊，在名利面前表现出淡泊，让于贤人；贬低自己而推崇别人，小心谨慎而唯恐不得其当，要求自己用这样的态度服侍君王）等观点。孔子更是告诫说："君子不以辞尽人"，"君子不以口誉人"，"君子不以色亲人"，并明确指出："口惠而实不至，怨菑及其身。是故君子与其有诺责也，宁有已怨。"如果嘴上许诺给别人好处而实际不兑现，必然给自己带来怨恨乃至灾祸。因此君子与其对人负有承诺的责任，还不如承受自己拒绝承诺造成的埋怨。

三、能为可信

荀子彰明了君子崇高的己他观，揭示了君子"能为可贵""能为可信""能为可用"等优秀品性：

> 士君子之所能不能为：君子能为可贵，不能使人必贵己；能为可信，不能使人必信己；能为可用，不能使人必用己。故君子耻不修，不耻见污；耻不信，不耻不见信；耻不能，不耻不见用。是以不诱于誉，不恐于诽，率道而行，端然正己，不为物倾侧：夫是之谓诚君子。（《荀子·非十二子》）

这段话中"耻不信，不耻不见信"，前一个"信"应为"信誉"和"信用"，后一个"信"应为"信任"和"相信"。在此，荀子从己他关系角度分别指明了三种能够做和不能够做的情形，展示了人际关系中社会主体的自主性和制约性。在他看来，与"贵己"和"用己"一样，别人是否"信己"，并不由自己做主，也不能强人所难，此乃对他人权利的尊重。但是，我却可以确立以不修、不信和不能为耻的羞耻观，也可以做到不被浮名所诱惑、不被诽谤所吓倒，还可以直道而行进而端正自己。按照责任伦理学的基本原理，义务、责任与人的自身能力、自由意志相匹配，"能为"可以推导出"应为"，"应然"出乎"实然"，"应当"来源于"是"。如此看来，荀子所说的"能为可信"也就内含着"应为可信"的道德责任。

第七节　贵和：中和君子

众所周知，儒家提倡贵和、重和的价值观，追求太和、乐和、政和、德和、人和、群和、中和等，而在处理人与人之间的关系时，儒家更是从人格理想的角度强调君子要注重推进人际和谐——贵和尚中。

一、和而不同

孔子指出："君子和而不同，小人同而不和。"（《论语·子路》）儒家的和学倡导《礼记·礼运》篇中说的"大同"而反对小人的"小同"和墨家的"尚同"。所谓"和而不同"，意思是说君子注重从事物差异和矛盾中去把握统一和平衡，而小人则追求绝对的无原则同一、专一、单一，这就从道德人格角度说明孔子推崇的是那种包容、调和、和解等君子型人格。君子遵循的为人处世之道，是既承认差异又和合不同的事物，通过互济互补达到人与人之间的统一、和谐，这与人生境界不高的小人偏重于"同而不和"、取消不同事物的差异的专一处世态度形成鲜明对比。

二、和而不流

儒家有时"中"与"和"独立使用，有时则二者连用，构成了"中和之道"。而儒家贵和尚中，它所倡导的中和，既指自然中和、政治中和，也指心性中和、人伦中和。《中庸》不仅提出了"致中和"，并且指明了"中"与"和"的因果关系。尤为重要的是，《中庸》在儒学史上开创性地上升到君子人格层面论说中庸之道。一方面，它从君子修道、慎独的思想逻辑上阐述了中和之道："喜怒哀乐之未发，谓之中；发而皆中节，谓之和。中也者，天下之大本也；和也者，天下之达道也。致中和，天地位焉，万物育焉。"从而建构了君子的中和人格。另一方面，它记载了孔子从无过与不及的辩证理性角度提出的"君子中庸，小人反中庸。君子之中庸也，君子而时中。小人之中庸也，小人而无忌惮也"等为大家所熟知的经典观点，依此阐发了君子的中庸人格。《中庸》记载的孔子话语，从三个层面表达了君子与人相处的人生理念。其一是和而不流。在比较完南方人的坚强和北方人的坚强之后，孔子指出君子所欣赏的坚强品格是"和而不流"——与人和睦相处但绝不同流合污。其二是忠恕而行。孔子讲："故君子以人治人，改而止。忠恕违道不远，施诸己而不愿，亦勿施于人。"君子虽然会尽到为人的责任，按照做人的道理去处理他人的过错，直到他改正为止，但也会履行人道的责任，依照体现中庸原则的忠恕之道，在自己身上都不愿意做的事情绝不会强加给他人。其三是不怨天尤人。孔子说："君子无入而不自得焉。在上位不陵下；在下位，不援上；正己而不求于人则无怨。上不怨天，下不尤人。"君子无论处于什么情况下都是安然自得的。他处于上位，不去欺侮在下位的人，处于下位，不巴结在上位的人；君子注重责己，重视端正自己，从不苛求于人，并且对别人毫无怨言，做到上不抱怨天，下不抱怨人。

三、反对好斗

一个社会有失和谐，有时是由于一些人好斗引起的，因此，要维护社会的稳定、秩、序、和谐，就必须遏制某些人的好斗之心，抵制不良分子的好斗行为，而作为具有崇高精神境界的理想型人格，君子对此更是义不容辞、责任重大。《礼记》主张君子不争："君子尊让则不争，洁敬则不慢。不慢不争，则远于斗辨矣。"（《乡饮酒义》）荀子则较为系统地分析了斗殴的不良后果、基本特性和主观原因。从后果来说，荀子认定斗殴会带来忘身、忘亲、忘君三大弊端："斗者，忘其身者也，忘其亲者也，忘其君者也。行其少顷之怒，而丧终身之躯，然且为之，是忘其身也；家室立残，亲戚不免乎刑戮，然且为之，是忘其亲也；君上之所恶也，刑法之所大禁也，然且为之，是忘其君也。"（《荣辱》）从性质上来说，荀子指出斗殴表面智慧实则愚蠢，看似有利实则有害，名义上光荣实则可耻，自认安全实则危险："将以为智邪？则愚莫大焉。将以为利邪？则害莫大焉。将以为荣邪？则辱莫大焉。将以为安邪？则危莫大焉。"（《荣辱》）从原因来说，荀子指明参与斗殴的人自以为别人是错的、自己是对的，自己是君子，别人是小人，从而导致以君子的身份与小人之间彼此互相残害："己诚是也，人诚非也，则是己君子而人小人也，以君子与小人相贼害也。"（《荣辱》）这些从反面说明，荀子力主君子维护自己、亲人和君主的利益，防止互相伤害，时刻保持人与人之间和谐的气氛。

第八节　振民：亲民君子

儒家强调作为既有德又有位的君子，应当坚持"以民为本"的政治原则，展现出爱民、为民、利民、利国和心忧天下的高尚情怀。

一、振民为民

儒家经常把为民爱民的社会主体定格为君子，《周易》提出了许多经典性的君子为民、爱民思想，它不仅强调君子应当涵养自我德行、接济广大民众："君子以振民育德"（《周易·蛊卦·象传》），还指出君子对人民要无穷地教化、思念他们，持久地容纳、保护他们："君子以教思无穷，容保民无疆。"（《周易·临卦·象传》）并且要求君子依据常德行动，致力于教化民众之事："君子以常德行，习教事。"（《周易·坎卦·象传》）孟子的仁民说提出了"善政，不如善教之得民"的治道理念，阐发了君主和君子保民的政治责任，指出只要为民众谋福利、谋生存，那么虽劳不怨、死而无憾："以佚道使民，虽劳不怨。以生道杀民，虽死不怨杀者。"（《孟子·尽心上》）不唯如此，孟子还揭明了君子的五种教民之道，这就是："君子之所以教者五：有如时雨化之者，有成德者，有达财者，有答问者，有私淑艾者。"（《孟子·尽心上》）

王阳明主张人世间的君子应把不虑而知、不学而能、"无间于圣愚，天下古今之所同"的"良知"推及到治国、治民和治天下的实践之中，做到"视人犹己，视国犹家，而以天地万物为一体"[1]"视民之饥溺犹己之饥溺"[2]，关心"生民之困苦荼毒"[3]。为此，他强调君子要把致良知作为自己的重要义务："惟务致其良知"[4]。

二、治国为国

程颢和程颐指明："当为国之时，既尽其防虑之道矣，而犹不免，则命也。苟唯致其命，安其然，则危塞险难无足以动其心者，行吾义而已，斯可谓之君子。"真正的君子治理国家时，如果竭尽一切心力还不能使之避免衰亡，那就只能听天由命；但是假如出于履行自己的责任需要——"行吾义"，那么就应该像一个勇士一样"见危致命"（《论语·子张》），一切艰难险阻都无法动摇自己的心志，即便牺牲生命也在所不惜、处之泰然。

三、平定天下

《大学》建构了修身、齐家、治国、平天下的君子责任体系，孟子凸显了君子修身、平天下的责任担当。他指出："言近而指远者，善言也；守约而施博者，善道也。君子之言也，不下带而道存焉。君子之守，修其身而天下平。人病舍其田而芸人之田，所求于人者重，而所以自任者轻。"（《孟子·尽心下》）言语浅近而意义深刻的，为善言，虽然浅近，内涵却包含着大道；君子所守之道为善道，它体现了修身以使天下太

---

[1]（明）王守仁：《王阳明全集·传习录》（上册），吴光、钱明、董平、姚延福编校，上海：上海古籍出版社，2011 年，第 90 页。

[2]（明）王守仁：《王阳明全集·传习录》（上册），吴光、钱明、董平、姚延福编校，上海：上海古籍出版社，2011 年，第 90 页。

[3]（明）王守仁：《王阳明全集·传习录》（上册），吴光、钱明、董平、姚延福编校，上海：上海古籍出版社，2011 年，第 89 页。

[4]（明）王守仁：《王阳明全集·传习录》（上册），吴光、钱明、董平、姚延福编校，上海：上海古籍出版社，2011 年，第 90 页。

平的宏伟理想；一些人的毛病在于放着自己的田地不好好耕种而去锄别人的地，要求他人负重而自己承担轻的。

舍己之田而芸人之田，表面上体现了舍己为人的利他主义精神，实际上，在孟子看来，这是放弃自己分内的本职工作。要知道，成人必须先成己，要想承担起平天下的重任就务必注重自我修身，只有提升自我的才德水平，才能为平定天下奠定良好的基石；一个名副其实的君子应当勇敢地肩负起修身平天下的重担，像孔子要求的那样"笃信好学，守死善道"（《论语·泰伯》），做一个"以平天下为己任"的敢作敢当的君子。"天下兴亡，匹夫有责。"既有德又有位的君子，是社会的道德精英和政治精英，更应该承担起平定天下的重任。力主精英治国的荀子，其君子观对此做了极好的诠释。他说：

> 天地者，生之始也；礼义者，治之始也；君子者，礼义之始也；为之，贯之，积重之，致好之者，君子之始也。故天地生君子，君子理天地。君子者，天地之参也，万物之总也，民之父母也。无君子，则天地不理，礼义无统，上无君师，下无父子，夫是之谓至乱。（《荀子·王制》）

"治生乎君子，乱生乎小人。"上述引文表明，荀子通过天地、礼义和君子三者之间的关系梳理，深刻地阐明了君子治理天地的责任：天地是生命的本源，礼义是天下治理的本源，而君子是礼义的本源；既然天地创造了君子，那么为了使礼义变得有头绪、天下有秩序，治理礼义君子责无旁贷，而其中制作、贯通、积累、爱好礼义又是君子最原始的本分。

不可否认，荀子的"无君子则天地不理"观念存在过分夸大君子治理天下作用的嫌疑，带有较为浓厚的精英主义倾向。不过，它终归彰显了君子平定天下责任的指向。一方面，将安顿社会秩序的政治主体做了明白无误的表述，另一方面，也强化了君子在整顿世道方面的能力和责任。

二程把天下观与君子观相融通，同样凸显了君子关怀天下兴亡的强烈社会责任感。程颢和程颐说："君子有为于天下，惟义而已，不可则止，无苟为，亦无必为。"君子治理天下，没有什么苟为和必为，一切遵循道义；如果不合乎道义，就不去做。如果说有为于天下是君子应当履行的责任的话，那么惟义所在就是君子的德性伦理，而君子的所作所为、治理天下的责任必当建立在深厚的道义德性基础之上。

前八节阐述了儒家阐发的八种类型的君子，或者称之为八种君子气象。所谓君子气象，是指君子所具有或呈现出的气度、气局、气概、气派、气韵和格局。可以看出，除第8种亲民君子受限于在位者的身份之外，其余君子类型均为普通人通过努力可以做到的。其实，由于我们现在处于公民社会，人的社会地位是可以随时变化的，今天不在位的人明天可能在位；而且"在位者"不限于治国平天下的高级领导人，也包括任何一个社会群体中居于上位的人。这八种类型是互相兼容的，一位君子的形象可能兼具多种类型，只是因某一方面尤为突出才被称为某种君子。随着时代的变化，人们对君子的理解也会有所不同，但君子的要义却是长久鲜活的，因为毕竟经过了数千年的陶冶和积淀。所以，一个人只要决心成为君子，切实按照君子人格不断加强修养，都可以达到君子的境界，成为受人尊敬的君子。而当君子和想成为君子的人越来越多之时，我们的社会将变得越来越美好。

第九节　做新时代君子

现实社会是复杂的，社会上的人是各种各样的。在历代儒家的各种论述中，依道德水平的高低，可将人分为四个层次：最高层次是圣贤，人伦之至，万世师表，虽不能至而心向往之，不过这样的人是很少的。第二层次是君子，以德修身，严于律己，关爱他人，受人尊敬，人们只要努力修养便可成为君子。这样的人越多越好。第三层次是众人，做人不突破底线，不损害他人，但不重涵养，难免有些不良积习，这样的人比较多。第四层次是小人，特别计较眼前私利，时常损害他人和公共利益，因缺乏德行而受到社会舆论的责备，但不至于严重违法。在小人之下还有罪人，但已不属于道德舆论评价的范畴，他们既缺乏德行又严重违法，如偷盗、抢劫、欺诈、绑架、杀人、作乱等，需要绳之以法，齐之以刑。

现代社会里的人首先是公民。这是与传统社会臣民相对等的概念。社会变了，臣民不复存在，变身为公民。公民在法律面前一律平等。那么，公民和人民有什么区别？主要有三点：（一）公民是法律概念，人民是政治概念；（二）公民包括全体社会成员、范围大于人民，人民仅包括除敌对分子和被依法剥夺政治权利的人群；（三）公民指具有本国国籍的人，人民指赞成、拥护和参加社会主义建设事业的人。在现代社会，一个人享有宪法和法律规定的权利，同时必须履行宪法和法律规定的义务。在做好守法公民的基础上，我们倡树君子文化，旨在将传统君子与现代公民融合为一种新型的人格范式，从而实现传统君子道德的创造性转化和创新性发展。

辜鸿铭先生在《中国人的精神》一书中说："孔子全部的哲学体系和道德教诲可以归纳为一句，即'君子之道'。"儒家为什么把君子放在提升人们道德境界的关键位置上？显然是因为以圣贤标准作为要求，标准失之过高，与生活距离过远，不容易起作用，甚至会出现伪善，走向反面；以众人标准作为要求，又失之过低，缺乏激励作用。孔孟诸儒之所以大声呼唤有德君子，就是因为君子既寄托了中华道德理想，又是可以效仿的榜样，他就在人们面前不远的地方，只要好学力行可以到达。儒家要推行道德教化达到改造社会的目的，最可行的途径就是号召人们努力学做君子。

关于如何做新时代的君子，需要补充说明的是：

其一，儒家阐发的君子人格以仁、义、礼、智、信等内在德性为支撑，以外在德行和容貌为体现，可谓"合内外之道"。单就外在表现来说，犹如孔子讲述君子"为政之道"时所说："君子正其衣冠，尊其瞻视，俨然人望而畏之"（《论语·尧曰》），又如《礼记·玉藻》中所描述的君子"足容重，手容恭，目容端，口容止，声容静，头容直，气容肃，立容德，色容庄"。这样的要求面面俱到，在现实中可以有所变通。但应该明确，做君子必须要内外兼修，但仪容整洁、态度庄重，规范自己的言行，是首先应该做到的。

其二，儒家的君子人格不仅展现出崇高的德性与德行，同时还呈现出较高的智慧才能，体现了儒家一贯推崇的"仁且智"的品格和格局，由此成为才智君子。这正如孔子强调的"君子病无能焉"（《论语·卫灵公》），"君子有九思：视思明，听思聪，色思温，貌思恭，言思忠，事思敬，疑思问，忿思难，见得思义。"（《论语·季氏》）。选择人才的标准是德才兼备。人要解决工作、生活中的各种问题，要在某些方面对社会、对他人做出自己的贡献，必须尽可能多地掌握实际本领，至少具有一技之长，胜任工作，所以如果只想要做君子，而轻视、忽略学习具体的知识、技能，只会事与愿违。

其三，与君子相对应的概念是小人，与圣人相对应的概念是凡人（众人）。虽然儒家最为提倡"君子之道"，但它展现的精神境界总体上终归低于圣人。但由于圣人难得一见，即便被别人尊为"圣人"者往往也不承认自己是圣人（如孔子），所以君子成为一般人通过努力可以达到、受人尊重的做人标准。现代人极少有试图"超凡入圣"者，做君子仍是大多数人追求的目标，而以被视为小人为莫大的耻辱。但君子不是固定的标签。如果一个人因为被人们称为君子，甚至通过某种评选活动获得了"君子"称号，从此便放松了自我修养要求，而以"君子"自居，那他就不再是君子了。正如唐代吴兢在《贞观政要·教戒太子诸王》中所说："君子小人本无常，行善事则为君子，行恶事则为小人。"成为君子并长期保持君子形象是一个不断修炼提高的过程，必须终身持续努力。

其四，过去的传统社会里，男尊女卑，所说的"君子"都是指男人。君子的"子"，本来就是对男性的尊称。现代社会男女平等，我们今天倡树君子之风，鼓励学做君子，当今的"君子"概念内涵和外延也必然发生变化，应该是男女一视同仁的。我们评选时代君子，也是男女都包括在内的。即不仅男性要努力学做君子，女性也同样需要努力学做君子。我们社会生活中许多先模人物，都是有男有女的。他们就是当代的君子。当然，男性和女性因生理和其他方面的若干差异，在具体作为、表现上会有一些差别，但在追求君子人格上则是一致的。

第四章　慎独：君子的修行之道

🌀 阅读提示 🌀

　　我们已经知道做人要做君子，开始追求和修炼自己的君子人格。那么，君子的主要修行之道是什么？根据历代儒家学者的探讨研究，就是"慎独"。这个"独"，不是像过去郑玄、朱熹所说的指独居、独处，而是指内在的意志、意念，指真实的自我，也就是己。"慎"，则是诚的意思。细读《大学》"诚意"章，可以对此有一个深入的了解。讲究慎独，注重修身，是为了改造社会。最先提出"慎独"概念的是曾参，他在"慎独"思想传统的形成、践行和流传方面起到了重要作用，产生了深远影响。我们要追求和修炼君子人格，不妨以曾参为榜样。

　　讲到君子的修行之道，有人将其概括为自省、克己、慎独、宽人四个方面。其实，如果全面理解慎独的含义，其余三个方面都可以统摄于慎独之中。

　　"慎独"是儒学的核心观念之一，也是两千多年儒学史上常言常新的话题，被视为中国的君子修行之道。在中国这样一个以"德"为本的国度，按古人本体即功夫之说，真正的中国功夫乃道德修身功夫。如果按照明朝理学家刘宗周"慎独之外，别无工夫"之说，这种道德修身功夫实即"慎独"功夫。慎独功夫如此重要，但在早期儒家六经即《诗经》《书经》《仪礼》《易经》《乐经》《春秋》中却未见"慎独"一词。而在"慎独"二字之中加上"其"字，变成"慎其独"三字，《礼记》中《大学》《中庸》《礼器》和《荀子·不苟》等篇中都同样出现了"慎其独"三字，在战国后期的郭店竹简及长沙马王堆帛书中也已出现两次，且都很一致地与"君子"联言，在表达层次及语境上，其中又有"慎其独""能胜其独"与"必慎其独"的差异。可知，"慎独"是由"慎其独"简化而来。

　　君子文化已历经数千年传承，作为其修行之道的"慎独"概念也发生了历久弥新的演变。历史上对"慎独"都有哪些不同的解说？我们应该怎样对待这些解说？宋代程朱以来直到当代新儒学都把曾参推举为"慎独"观念的创始者，并认为"四书"中的《大学》出自他的手笔，但又缺乏必要的证据。我们对此应如何看待？从曾参的"慎独"思想和行为中应该学习什么？我们试着从"四书"之一的《大学》的"诚意"章入手，对这些问题做初步探讨。

第一节　君子以修身为本

《大学》是"四书"中的一本，地位非常重要，我们学习儒学，一般应当从阅读《大学》入手。首先读《大学》，之后读《论语》《孟子》，最后读《中庸》，这是学习儒学的基本次序。为什么说《大学》非常重要，为什么我们要从阅读《大学》入手呢？这就涉及对儒学的理解，以及如何概括儒家思想的问题。《大学》之所以重要，就在于它对儒学做出了一个简明扼要的概括。提到儒学，学者往往引用《论语·宪问》中孔子与弟子子路的一段对话：

> 子路问君子，子曰："修己以敬。"曰："如斯而已乎？"曰："修己以安人。"曰："如斯而已乎？"曰："修己以安百姓。修己以安百姓，尧、舜其犹病诸！"

子路询问孔子，怎么样才可以成为一名君子？这说明儒学首先是君子之学。孔子教导弟子要成为一名君子，成为君子是儒门弟子追求的目标。孔子回答："修己以敬。""修己"，就是修身；"修己以敬"，指用恭敬的态度修身。也有的解释为，修养自己做到恭敬，类似孔子说的"执事敬"。子路又问，做到这一点就可以了吗？孔子说："修己以安人。"只修养自己、完善自我是不够的，还要进一步去安人。儒家不仅谈修己，还要安人，否则就不是真正的儒家。真正的儒家一定是在修己的基础上，进一步去影响他人，也就是安人。这里的人主要指身边的人。

我们今天离儒学传统比较远了，对它的理念缺乏切身的感受。说到修身还容易理解，但要说到安人，则会产生疑问：我们如何安人？如何影响他人？其实，道理很简单。在我们的成长过程中，一定会受到他人的影响，在家庭受父母的影响，进入学校受老师的影响，走上社会受同事、朋友的影响。另一方面，我们又会去影响别人，作为父母，你会影响到自己的子女；作为丈夫，会影响到自己的妻子；作为领导，会影响到自己的员工。在我们的一生中，总会受到他人的影响，也会影响到他人，而且总有那么几个人，对我们的成长影响深远。当然，我们也会深深地影响到他人。所以修己和安人存在着必然的联系，要想影响他人，首先要修养自己，完善自我。在完善自我的过程中，自然要向他人学习，所以孔子说"三人行，必有我师焉"（《论语·述而》）。

子路又问，做到这一点就可以了吗？孔子说："修己以安百姓。"不仅要安身边的人，还要安天下的人，安广大的民众。当然，孔子也认为，做到这一点是非常困难的，即使像尧、舜这样的圣人，也难以做到。但这是儒家的理想，是儒者应该追求的目标。这里有一个问题，做到了修身、完善自我，是不是一定就能安百姓，或者平治天下？恐怕还不行，还必须要有一定的外在条件，这个条件就是位，就是权力。作为一名普通人，道德修养再好，最多可以影响身边的人。但若想安百姓，平天下，改造、影响社会，还必须要掌握权力。这样的话，作为一名君子还是不够的，还要成为"大人"。

这就涉及《大学》的名称，何谓大学？郑玄认为是"博学"，朱熹则认为是"大人之学"。什么是"大人"呢？孟子说："唯大人为能格君心之非。"（《孟子·离娄上》）"格"，纠正。"君心之非"，指君主思想上的错误。国君做了错事，或者决策出现了错误，谁能去纠正他？不是我们这些普通人，而必须是大人。大人既有道德声望，又有较高的政治地位，有机会接近国君，所以才能够"格君心之非"。大人者，有德有位之人也。君子有德，但不一定有位。而作为大人，必须既有德，又有位，德位兼备。位是什么？就是要具有一定的地位，掌握一定的权力。只有这样，才可以影响更多的人，才可以安百姓。所以孔子、孟子、荀子等儒者一方面通过教学授徒，为社会培养出一批君子，鼓励他们积极出仕。另一方面又希望有一套好的制度，使君子能够脱颖而出，让他们来管理国家和社会。

《论语·为政》中记载了孔子与鲁哀公的问答：

> 哀公问曰："何为则民服？"孔子对曰："举直错诸枉，则民服；举枉错诸直，则民不服。"

"错"通"措"，放置的意思。鲁哀公问孔子，怎么做才能使百姓信服呢？孔子回答，把那些正直的人——也就是君子选拔出来，放在不正直的人——也就是小人之上，让他们去管理国家，这样百姓就会信服。反过来，把那些不正直的人选拔出来，放在正直的人之上，让他们管理国家，这就是小人当道，奸佞横行，百姓自然不会服从了。

所以，完整的儒学一方面是君子之学，或者说是大人之学，另一方面还包括了一套制度之学。不过，《大学》主要强调、论述的是前一个方面，将儒学概括为修齐治平之学，而没有论及后一方面，但这是隐含在其中的，是修齐治平的前提和条件。所以，根据《大学》的概括，儒学就是修齐治平之学。"修"指修己或修身，"齐"指齐家，"治"指治国，"平"指平天下。需要说明一点，《大学》所说的"家"与今天的"家"不是一回事。我们今天所说的"家"是小家庭。《大学》里的"家"是指大夫的封邑。周代实行分封制，名义上土地归天子所有，所谓"普天之下，莫非王土"，天子把土地分给诸侯，这便是国。例如，今天的山东，当时主要封了两个大国，齐国和鲁国。诸侯把土地再往下分给大夫，这就是家了。所以，家就是大夫的封邑，其规模相当于现在的县，而不是今天所说的"家"。《大学》"齐家"章说，齐家的关键是要公平、公正，而不能有偏心。为什么呢？因为"人之其所亲爱而辟焉，之其所贱恶而辟焉，之其所畏敬而辟焉，之其所哀矜而辟焉"。这里的"之"是"于"的意思，"辟"是"偏"的意思。人对于亲近喜爱的人，对于厌恶憎恨的人，对于畏惧尊敬的人，对于同情怜悯的人，态度会不一样，会有偏心。读到这里就会知道，《大学》的家与我们今天的家是不一样的，今天的家里都是我们亲近、喜爱的人，怎么会有这么复杂呢？治国的国指诸侯国，从范围上看，相当于今天的省。平是平天下，古人说的天下，从地域上看，可能只包括今天的中国，但实际是指普天之下，包括整个世界。所以，儒家是有远大胸怀的，它是世界主义者，而不只是民族主义者，儒家的修齐治平之学，其终极目标是平治天下，而不限于一国一家。

关于儒学的思想宗旨，梁启超先生有一个概括：

> 儒家哲学，范围广博。概括说起来，其用功所在，可以《论语》"修己安人"一语括之。其学问最高目的，可以《庄子》"内圣外王"一语括之。做修己的功夫，做到极处，就是内圣；做安人的功夫，做到极处，就是外王。至于条理次第，以《大学》上说得最简明。《大学》所谓"格物、致知、诚意、正心、修身"，就是修己及内圣的功夫；所谓"齐家、治国、平天下"，就是安人及外王的功夫。[1]

梁启超先生显然是用《大学》来理解儒学的。所以《大学》之所以重要，就是因

---

[1]梁启超：《梁启超论儒家哲学》，北京：商务印书馆，2012年，第4页。

为它对儒家的思想，尤其是条理次第，怎么从修己到安人、从内圣到外王，都做了一个概括。

《大学》一文的文眼或核心观点是："自天子以至于庶人，壹是皆以修身为本。"中华文化，尤其是儒家文化，其实就是修身的文化。为什么修身很重要呢？因为我们人生在世，都想追求快乐、幸福。用李泽厚先生的话讲，我们是乐感文化，但是怎样才能快乐、幸福呢？答案很简单：与有修养的人在一起便会愉快、幸福，与没有修养的人在一起肯定不会愉快、幸福。家庭生活中尤其如此，我们一生中生气、吵架最多的地方一定是在家庭里，为什么呢？家庭生活好像没有什么大事，无非就是柴米油盐等各种琐事，但有修养和没有修养差别很大。在单位也是一样，一个人有修养和没有修养，给领导、同事的感受是不一样的，他们的发展也会有很大的不同。我们经常说，性格决定命运。这句话有一定道理，人的命运很多时候是由性格决定的。但性格又是由什么决定的？性格并不完全是天生的，也是可以后天改变的，所以荀子讲化性起伪，积善成德，就是认为性格实际是通过后天培养的。所以修身决定性格，性格决定命运。儒家认为命运中有很多偶然的因素，不可能完全被人控制、掌握，但是人可以正确对待命运，这就是尽人事以待天命，尽人事就包括了修身。我们都注意到这种情况，很多时候人与人之间，特别是同学之间，智力、学历差别不大，但走上社会以后，事业上的成就却有很大差别，除了运气的因素外，还在于个人的努力不同，在于个人是否修身。修身也有自觉和不自觉的差别。什么是自觉修身？我们读《论语·学而》第四章："曾子曰：吾日三省吾身，为人谋而不忠乎？与朋友交而不信乎？传不习乎？"做到了"吾日三省吾身"就是自觉修身。每个人都有自己的生活，但只有在生活中不断反省、总结才能有所收获，才是可以使我们不断提升、完善的。所以人与人之间的差别，就在于有人自觉修身，有人一味任性。内圣影响外王，修身影响到能否治国平天下。用《大学》的话说，前者是本，后者是末。"其本乱而末治者否矣。其所厚者薄，而其所薄者厚，未之有也。"如果修身没有做到，却幻想着要齐家治国平天下，这是本末倒置。可是现实生活中就是有很多人，该努力的没有努力（"所厚者薄"），不该努力的却想入非非（"所薄者厚"），分不清轻重缓急，这样是不会有好结果的。

儒学从孔子开始，把修身作为重要内容，当然是有原因的。孔子生活于春秋末期，这一时期大夫的势力逐渐兴起，像鲁国的三桓，就掌握了鲁国的政权。大夫有自己的封邑，就是家。随着大夫势力的扩大，他们需要一批"职业经理人"替他们管理封邑，儒家正好满足了这个需要。我们读《论语》就会发现，孔子有很多弟子给大夫做宰，也就是管家，甚至也有为诸侯提供服务的，像子夏就曾是魏文侯的老师。所以儒学的兴起，与社会的需要是有关系的。孔子讲学授徒，弟子三千，这么多人愿意跟随其学习，除了敬仰他的学识外，还有学以致用的考虑。孔子对于弟子，也鼓励他们积极出仕，而出仕就是要去大夫、诸侯那里做官，为他们提供服务。当然，对于儒生而言，人生的选择不只出仕一条路，还可以经商（如子贡），可以从事教育，甚至隐居民间，但出仕无疑是非常重要的一个选择。既然出仕，就需要具备专门的知识、技能，这些知识、技能在当时就是"六艺"：礼、乐、射、御、书、数。但除了专业技能外，孔子还教导弟子一门更大的学问，这就是君子的学问，做人的学问。所以孔子的伟大，不在于他为社会培养了一批"职业经理人"，而在于为当时的士人确立了人生的理想和方向。孔子首先揭示的"士志于道"，便已规定"士"是基本价值的维护者，是"社会的良心"；曾子发挥师教，讲得更明白："士不可以不弘毅，任重而道远。仁以为己任，不亦重乎？死而后已，不亦远乎？"（《论语·泰伯》）所以孔子教导弟子，作为士人，君子首先应该确立一种精神信仰，一种责任担当，应该以道自任，能够超越个人的私利去关注国家、民众的普遍利益。如果孔子只是传授知识、技能，教导弟子如何就业，混碗饭吃，孔子就不会被尊为圣人了。孔子之所以被尊为圣人，之所以有"天不生仲尼，万古如长夜"的说法，就在于孔子为我们这个民族，尤其是民族中的士人阶层确立了一种精神信仰，这种信仰就是仁义。今天我们缺乏的正是精神信仰。一个民族如果没有了信仰，只是沉沦在物欲的追逐之中，是没有前途的。古往今来历史上出现过多少个民族，为什么很多都被同化，或者逐渐消亡？坚持下来的，有时候并不是靠强大的武力，而是靠精神信仰。儒学就是我们这个民族历史上的信仰，它虽然不是严格意义上的宗教，但同样满足了人的终极关怀。这种信仰是由孔子确立的，孔子的伟大，应从这方面去理解。

第二节　君子必慎其独

《大学》中提到"慎独"的是"诚意"章，或者叫"慎独诚意"章。原文如下：

> 所谓诚其意者，毋自欺也。如恶恶臭，如好好色，此之谓自谦。故君子必慎其独也。小人闲居为不善，无所不至。见君子而后厌然，掩其不善，而著其善。人之视己，如见其肺肝然，则何益矣。此谓诚于中，形于外。故君子必慎

其独也。曾子曰："十目所视，十手所指，其严乎！"富润屋，德润身，心广体胖，故君子必诚其意。

我们进入到文本，本章的主题是诚意，所以一开始就解释诚意。"所谓诚其意者，毋自欺也"，什么是"诚其意"？就是不自欺。关于不自欺，《大学》给出了一个形象的说明："如恶恶臭，如好好色，此之谓自谦。"前一个"恶（wù）"是动词，厌恶的意思；后一个"恶（è）"是形容词，不好的意思；"恶臭（xiù）"，不好的气味。同样，前一个"好（hào）"是动词，喜好；后一个"好（hǎo）"是形容词，美好的意思；"好色"，犹言美色。不自欺就好比厌恶不好的气味，喜欢美女帅哥，这就叫"自谦"。注意，这里的谦是个通假字，通"慊"（qiè）。自谦，就是自快于心。我们闻到了难闻的味道，本能就会使我们躲避，看到美女帅哥，尽管表面上掩饰，内心还是会感到愉悦。为什么？因为这是自然、本能的反应。所以诚其意就是真实地面对内心，把真实的自我表现出来，而不要去欺骗自己。

但说到这里有一个问题，不自欺，自己能欺骗自己吗？我们撒个谎，只能是欺骗别人，而不会骗到自己。从心理学的角度讲，欺骗自己几乎是不可能的。但是现实生活中，我们又经常自欺欺人，不仅欺人，而且自欺。为什么会自欺？就是因为你不敢面对自己的内心，习惯过一种不加反省的生活，不知道自己内心的喜好，不敢倾听内心的声音，盲目屈从外在的力量和影响，每天都在应付外部世界的种种需要，支出精力和精神，以致自欺欺人而不自知。所以说自欺，从个体心理学的角度讲，似乎做不到。但是一旦进入社会，我们又会被社会的力量裹挟而去，最后丢掉了自我，自欺欺人而不自知，我们每个人其实都经历过这种情况。

英国哲学家弗朗西斯·培根认为，社会中存在着几种假象，包括洞穴假象、市场假象、剧场假象、种族假象，等等。我们都会受这些假象的影响，你处在一个小圈子中，如果信息不畅通的话，久而久之，你就会被这个小圈子的价值观所左右。比如某些恐怖组织，其行为完全违背了人类文明的基本底线，但是为什么还有许多狂热分子愿意投身其中呢？这就是洞穴假象，身处洞穴之中，看不到外面的阳光，最后就认同了黑暗。还有，社会就像一个市场，市场流行什么是经常变化的，有时一个潮流来了，我们往往就被裹挟而去，被假象左右了，尽管流行的不一定是我所喜欢的，这就是从众心理。剧场假象、种族假象与此类似，大家应该都有体会。所以自欺是普遍存在的，是一种社会现象，我们每个人都曾经历过。那么，如何面对这一现象呢？如何做到"毋自欺"呢？

《大学》提出"必慎其独也"，将"诚其意，毋自欺"落在了慎独上。

关于慎独，《辞海》的解释是"在独处无人注意的时候，自己的行为也要谨慎不苟"。《辞源》的解释是"在独处时能谨慎不苟"。按照这种解释，独是一个空间的概念，指独居独处。所谓"慎独"，是指当你一个人独居独处，没有人监督的时候，要谨慎不苟，管住自己的行为。这个理解应该是来自东汉的郑玄，郑玄在给《中庸》"故君子慎其独也"一句作注时说：

> 慎独者，慎其闲居之所为。小人于隐者，动作言语自以为不见睹，不见闻，则必肆尽其情也。若有占听之者，是为显见，甚于众人之中为之。[1]

郑玄认为，当一个人独居独处的时候，道德品质不好的人以为别人注意不到自己，就会肆意妄为。这个时候如果我们能看到他的话，一定会发现他比平时在大庭广众之下的行为放肆得多。所以按照郑玄的理解，慎独是指当一个人独居、独处时，由于舆论压力的暂时取消，道德品质不好的人往往容易偏离道德规范的约束，做出平时不敢做的事情来。慎独就是要求人们在独处之际，仍能保持道德操守，独善其身。郑玄这个理解，不仅合乎逻辑，文字上也讲得通顺，因为独正好有独居、独处的意思，所以千百年来被广泛接受，很少有人表示怀疑。但是这个解释是有问题的，甚至可以说是错误的。

当然，能够澄清慎独理解上的错误，地下新出土文献起了重要的作用。20世纪70年代出土的马王堆帛书，有一篇《五行》，提到了慎独，但内容与后人对慎独的理解大相径庭。到了20世纪90年代，郭店竹简中又一次发现了《五行》篇，慎独再一次引起人们的关注。《五行》篇说：

> "鸤鸠在桑，其子七兮。淑人君子，其仪一兮。"能为一，然后能为君子，君子慎其独也。[2]

前面几句引自《诗经·鸤鸠》，目的是起兴，引出下面的"一"。而按照《五行》，慎独就是指"能为一"，"一"是指专注、专一。故思想保持专注、专一，就是慎独。根据《五行》篇，一或者专注、专一，是有具体内容的，就是内心的德，《五行》说是"仁义礼智圣"这五种"德之行"。慎独就是专注于内心的德或者"德之

---

[1]（汉）郑玄注，（唐）孔颖达疏：《礼记正义》，北京：北京大学出版社，1999年，第1592页。

[2]荆门市博物馆：《郭店楚墓竹简》，北京：文物出版社，1998年，第149页。

行"，显然它与独居、独处没关系，与郑玄包括以后朱熹对慎独的理解也有根本的不同。但是，马王堆帛书《五行》篇发现后，并没有引起人们对慎独旧解的质疑。到了1998年，《五行》篇在郭店竹简中再次发现，慎独的解释问题开始引起学者的注意。因为《五行》和《大学》《中庸》都被学界认为是子思一派的作品，那么，怎么可能一个人或一个学派在自己的两部作品中，对同一个概念有两种不同的定义呢？我们对同一个概念，可以在不同的语境下有不同的表述，但内涵应该是基本一致的，而不会同一个概念，在这篇文章中是一种用法，在另外一篇文章中是另一种用法。后来发现，传统解释是朱熹按照自己的思路，把慎独曲解了。要知道，传统社会中朱熹的《四书集注》影响非常大，当时科举考试把它作为教科书，以朱熹所作的注为标准答案，但朱熹把《大学》"小人闲居为不善"一段完全解释错了。

我们首先来看看"独"的本意是什么。马王堆帛书《五行》篇，在经文之外还有传文，传文是对经文的解释。传文对"独"下了个定义："夫丧，正经（dié）修领而哀杀矣，言至内者之不在外也，是之谓独。"什么是独？传文没有直接定义，而是举了一个例子，这是古人表达的习惯，不喜欢抽象概括，更愿意用形象的方式来说明抽象的概念。传文举例说，如果你去参加别人的丧礼，在举行仪式的时候，却老是想着自己的衣服是否整齐，把丧带系一系。经是古人用麻做的丧带，系在腰或头上，把衣领整一整，这说明你对死者没有多少感情，"哀杀矣"（痛悼之情减弱）。为什么？"至内者之不在外也"，如果你关注内心情感的话，就不会关注那些外在的形式了。如果死者是你的父母双亲，至亲好友，你还会想着自己的衣服是否整齐吗？你可能一下扑倒在地上，放声痛哭，完全顾不上自己的形象了，被自己的悲痛之情所左右，"至内者之不在外也"，不关心外部的事情了。《五行》篇说，这就是独。然后给独下了一个定义："独也者，舍体也。""舍体"是什么？就是舍弃身体感官对外部的关注，回到内心，回到内在的意志、意念，实际就是回到最真实的自我，这就是独。这个独，显然不是空间的独居、独处，而是内在的意志、意念，是真实的自我，显然与传统的解释是不一样的。

我们今天说独，一般就是指单独、独自等。但也有可能，后人把独的原来这种用法遗忘了，所以才会对慎独产生误解。先秦典籍中，独还有其他含义，如《庄子·大宗师》所说的"见独"：

> 三日而后能外天下；已外天下矣，吾又守之，七日而后能外物；已外物矣，吾又守之，九日而后能外生；已外生矣，而后能朝彻；朝彻而后能见独；

见独而后能无古今；无古今而后能入于不死不生。

见（xiàn）独，应读为现独，是发现内在的独，发现真实的自我。"三日而后能外天下"，我守住内在意念，回到我的内心，这样三天后就可以"外天下"了，见不到外在的世界了。"已外天下矣，吾又守之"，我继续守住内心，"七日而后能外物"了，七天之后看不到外在的事物了。"已外物矣，吾又守之"，我继续持守，"九日而后能外生"，九天之后我感觉不到生命的活动了，饥、渴、欲望这些生理现象，我感觉不到了。"已外生矣，然后能朝彻"，修炼多日，感觉不到生命现象了，这时你感觉内心有一道阳光照射出来，这就对了，因为你快得道了，要发现真实的自我了。"朝彻而后能见独"，这时候你发现了真实的独，发现了真实的自我。"见独而后能无古今，无古今而后能入于不死不生。"这是见独的最高境界，见独之后，就超越了时间、生死，进入不死不生的境界，进入永恒了。

当然，《庄子》的"见独"有点神秘主义的味道，需要注意的是独的含义。显然，见独的独与慎独的独，都是在"舍体"的意义上使用的。尽管见独与慎独内涵并不同，但独的含义是一致的，都是指"舍体"，指舍弃我们的感官对外部的感受，而回到内心，回到真实的自我。见独的例子可以证明，独不只有我们今天所理解的含义，还有内在意志、意念的用法，只是这种用法后来被遗忘了，字典中也见不到了。

我们说了独，那什么是慎独呢？传统上把"慎"解释为戒慎，"独"解释为独居、独处。其实"慎"还有"诚"的意思，"独"按照我们前面的分析，指内在的意志、意念，指真实的自我，也就是己。所以慎独就是诚己，也就是《大学》所说的"诚其意"，《大学》本来就是将诚其意与慎独对等的，说得很清楚，只是我们的理解出了偏差。

独也可用作动词，有"内"的意思，《五行》篇讲"舍其体而独其心"，"独其心"就是内其心，指舍弃对外物的关注而用心于内。先秦典籍中也有用"内心"表达慎独的。《礼记·礼器》篇："礼之以少为贵者，以其内心者也。……所故君子慎其独也。"慎独就是内心，指用心于内。礼不在于外在的形式，不在于繁文缛节，而在于内心的真诚，这样就做到了慎独。

搞清楚了慎独的含义，我们再来看《大学》"慎独诚意"章，就容易理解了。这段文字两次提到慎独，第一次是说"诚其意者，毋自欺也"，认为这样就做到了慎独。第二次则说到，"小人闲居为不善，无所不至，见君子而后厌然，掩其不善，而著其善。

人之视己，如见其肺肝然，则何益矣？此谓诚于中，形于外，故君子必慎其独也"。这段文字提到"小人闲居为不善"，以此来说明慎独，那么慎独该如何理解，便与"闲居"有一定关系。朱熹的注释是："闲居，独处也。"把闲居理解为独处了。接着又说，"此言小人阴为不善，而阳欲掩之，则是非不知善之当为与恶之当去也，但不能实用其力以至此耳。然欲掩其恶而卒不可掩，欲诈为善而卒不可诈，则亦何益之有哉！此君子所以重以为戒，而必谨其独也"[1]。朱熹的这段话是说，小人暗中做不好的事情，但在别人面前却有意掩盖，这说明他并非不知道人应当做好事，而不应当做坏事。只是实际上又做不到，因为没有人监督的时候，就会故态萌发。但既然伪装并不能掩盖自己，表现也欺骗不了别人，刻意地伪装、表现又有什么意义呢？所以就应当引以为戒，谨其独，过好独居这一关。这是朱熹的解释，他把慎解释为谨，把独理解为独处，显然是受到了郑玄的影响。但是我们稍微注意就可以发现，朱熹的解释并不正确。在《大学》原文中，"小人闲居为不善"，并不是"慎其独"的直接原因，而是要说明"诚于中，形于外"。它是说，小人平时喜欢做不好的事情，但是当他看到君子的时候，却试图伪装自己，掩盖不好的一面，而表现好的一面。然而人们的内心与外表往往是一致的，内在的意志、意念总会在行为中表现出来。所以别人观察自己，可以由外而内，如同看到你的肺肝，这是比喻的说法，是说可以由外在的表现，看到你内在的想法。所以伪装是没有意义的，这就叫"诚于中，形于外"，这句话很重要，《大学》的慎独就是对此讲的。它是说，你内心的真诚，会通过行为表现出来。扩大一点，你有什么样的内在品质，就会有相应的外在表现。你是个道德高尚的人，就会有高尚的表现；你是个自私自利的人，就会有自私自利的表现。我们都有这样的生活经验，两个人初次接触的时候，都希望给对方留下好印象。但过了一段时间，彼此接触多了，相互熟悉了，对方是个什么样的人，心里就清楚了，伪装是没有用的，这就是"诚于中，形于外"。所以《大学》的这段文字，并不是说"小人闲居为不善"所以要慎独，而是说"诚于中，形于外"所以要慎其独。"小人闲居为不善"，不过是作为一个例子，用以说明"诚于中，形于外"。而且闲居也不是独居，《礼记》中有一篇《孔子闲居》："孔子闲居，子夏侍。"既然有学生侍奉，显然就不是独居了。朱熹将闲居解释为独居，是不正确的。闲居是闲暇而居，也就是平时而居，是与上朝相对。古代士人在朝中做官，上朝是正式的场合，需要正襟危坐，恪守礼仪。闲暇而居时，则可以随意一点，它强调的是平时，而

---

[1]（宋）朱熹：《四书章句集注》，北京：中华书局，1983年，第7页。

不是独处。"小人闲居为不善",小人平时习惯做坏事,见到了君子,想表现一下,伪装一下。但是没有用,因为"诚于中,形于外",你内在的品质决定了你外在的行为,所以只能慎独,从内心下功夫,而不能做表面的文章。

慎独的本意,强调内心的真诚,比后人理解的独居、独处时要谨慎不苟,其实更为深刻。因为《大学》里面讲:"曾子曰:十目所视,十手所指,其严乎!"朱熹的解释是:"言虽幽独之中,而其善恶之不可掩如此,可畏之甚也"[1]。"幽独"就是独居暗室,就是独居、独处。朱熹说,即使处在暗室中,你的善恶也不可掩藏,所以值得畏惧啊。但朱熹的说法有个问题:"十目所视,十手所指",应是指大庭广众,而不是独居、独处;是舆论的焦点,而不是"幽独"。当然,朱熹用了一个"虽",有假设的意思,他好像是说,假设在独居、独处中,也仿佛有十目所视,十手所指。但是我们仔细读这段文字就可以知道,显然没有假设的意思,它是进一步说明"诚于中,形于外",你的行为一旦表现出来,就会受到大众舆论的评判。所以慎独作为一种修养方法,就是要从根本、源头下功夫,诚其意,保持内心的真诚。

总之,《大学》"慎独诚意"章的核心是慎独,但历史上对慎独出现了误读,造成误读的,首先是郑玄,其次是朱熹。郑玄、朱熹都是学术史上超一流的学者,分别是汉学与宋学的集大成者。特别是朱熹,由于他的《四书章句集注》影响很大,是传统社会后期科举考试的必读书,朱熹的注是标准答案。朱熹对《大学》"小人闲居为不善"一段的误读,对后人的理解产生了深远的影响,同时也使我们离慎独的本意越来越远。现在,我们必须纠正过来。

第三节　君子应积极入世

以上我们对《大学》"诚意"章做了梳理,尤其对慎独做了考察,指出独并不是空间的概念,而是内在性的概念,是内在的意志、意念,是真实的自我。诚意是修身的一项重要内容。《大学》提出诚意,意义何在?我们知道,儒家是积极入世的学说,入世有很多种方式,如教育、经商、做工,等等,但在孔子所处的时代,最重要的入世方式是出仕。在《论语》中可以看到,有隐者讥讽孔子,劝孔子的弟子与其跟随孔子避人,

---

[1]（宋）朱熹:《四书章句集注》,北京:中华书局,1983年,第7页。

不如跟随自己避世。孔子是怎么回答的呢？孔子说："鸟兽不可与同群！吾非斯人之徒与而谁与？"（《论语·微子》）就算社会有种种不完满，我们总不能退回去与禽兽相处吧？你不与人类相处，还能与谁相处呢？这样我们的选择只剩一个，就是积极入世，把一个不理想、不完满的社会，改造得较为理想，较为完满。正因为天下无道，还不完满，所以才需要我们去治理，去改变它。怎样去改变？首先当然是要改变自己，通过修身使自己成为一名君子，有机会的话，应积极出仕，出仕不是为自己谋取高官厚禄，而是去实现改造、完善社会的理想。这样由修身做起，然后齐家、治国、平天下，最后"明明德于天下"。所以改造社会的动力在于"己"，只有从修身、成己做起，才有可能改造、完善社会，所以孔子讲"为仁由己，而由人乎哉？"（《论语·颜渊》）而修身、成己的一个重要内容便是诚其意，慎独。

需要说明的是，儒家既然主张积极入世，就不能不面对各种社会关系，面对既定的礼义秩序。所以有一些学者，把儒家伦理称为角色伦理，把儒学解释为关系主义。儒家确有重视关系的一面，如孔子就非常重视礼，这点与道家有所不同。当年孔子问礼于老子，老子说："子所言者，其人与骨皆已朽矣，独其言在耳"（《史记·老子韩非列传》），意思是说，你现在所说的关于礼的言论，当初制定和倡导这些礼的人，他们的骨头都腐朽了，只有他们的言论还留存至今。所以礼是过时的东西，没有生命力的东西，"夫礼者，忠信之薄而乱之首"（《道德经·三十八章》）。而孔子则主张"非礼勿视，非礼勿听，非礼勿言，非礼勿动"，认为"克己复礼为仁"（《论语·颜渊》）。礼就是一种关系性概念，指规范、习俗，成就仁需要从实践礼义做起。孟子重视人伦，一个人如果为了洁身自好，而否定了人伦，孟子是不能认可的（《孟子·滕文公下》）。荀子认为虽然人的力气不如牛，速度不如马，但却可以驯服牛、马，为我所用，原因就在于"人能群，彼不能群也"（《荀子·王制》），所以人与禽兽的根本不同，就在于人是能群的动物，而群就是组织关系，是由不同角色的人组成的。所以儒家确有重视角色、关系的一面，但这只是儒学的一个方面，若将其称为关系主义，就不正确了。儒家在讲关系的同时，还讲己，讲独，讲真实的自我。如果没有"己"，没有自我，又如何能去改造社会呢？不是完全被社会同化、左右了吗？儒家恰恰不是这样，越是积极入世，越是深入到社会，越是提醒自己，我们还有自我，还有独。诚其意、慎独是修身的核心内容，也是齐家、治国、平天下的起点。

人生活在社会之中，就会被社会所塑造，所以认识自我是一件十分困难而又非常重要的事情，是各个民族都曾面临的问题。在希腊圣城德尔菲神殿上刻着一句著名的箴言：认识你自己。这是从神的角度讲的，从人的角度讲，就是认识我自己。古希腊哲学家苏格拉底就是这样展开他的哲学思考的，让哲学重新关注"人"的问题，关注自我的问题。印度有一位叫克里希那穆提的哲学家，讲了下面一段话：

> 弄清楚我们想做什么是世上最困难的事情之一。不但在青少年时代如此，在我们一生中，这个问题都存在着。除非你亲自弄清楚什么是你真正想做的事，否则你会做一些对你没有太大意义的事，你的生命就会变得十分悲惨。不是吗？因为你一旦发现真正爱做的事，你就是一个自由的人了，然后你就会有能力、信心和主动创造的力量。但是如果你不知道自己真正爱做的是什么，你只好去做人人羡慕的律师、政客或这个那个，于是你就不会快乐，因为那份职业会变成毁灭你自己及其他人的工具。[1]

这段话说明，认识自我是非常困难的事情，但又是我们必须认真对待的事情。儒家主张积极入世，改造社会，但又强调首先从修身、成己做起，才能进一步去改造这个社会。儒家承认现实世界的真实性、合理性，它是入世的，而不是避世的。但承认不等于无条件的认同，明白了这一点，你才能理解孔子所讲的："乡原（愿），德之贼也。"（《论语·阳货》）在《论语》中，只记录了这一句，没有展开。孟子对孔子的这句话感同身受，做了进一步的阐发："孔子曰：过我门而不入我室，我不憾焉者，其惟乡原（愿）乎！乡原（愿），德之贼也。"（《孟子·尽心下》）。这是孟子引用孔子的话，说从我的门前经过而不登堂入室的人，如果说我不感到遗憾的，大概只有乡愿了吧。为什么呢？因为乡愿是"德之贼也"，是对道德的最大伤害。孔子作为一名老师，当然希望有更多的人登门求教，但乡愿除外，可见乡愿不是一般的缺点，而是不能容忍的恶行，以至于连孔子都不愿与其为伍。其实孔子的道德标准并没有那么严苛，他的理想首先是与坚守中道的人相处，如果遇不到中道之人，也可以退而求其次，与狂者、狷者相处。狂者的特点是志向远大，但实际上往往做不到，言行有不一致之处；狷者虽然没有那么高的理想，但能做到洁身自好，不同流合污。狂者过之，狷者有所不及，都没有做到中道，没有达到中庸的境界，但都有可取之处，可以相处、来往。最可恨的就是乡愿了，他们得过且过，取悦于世人，却讥讽别人志向远大。他们很会做人，谁也不得

---

[1]（印度）克里希那穆提：《人生中不可不想的事》，叶文可译，北京：群言出版社，2004年，第284页。

罪，所以在乡里往往有好名声。乡愿，从字面上理解，就是乡里的老好人。但他们的可气之处也就在这里，你说他不对吧，却找不出毛病；想责骂他吧，可是又没有理由。为什么呢？因为他很会"做人"，混同于流俗，迎合于浊世，为人表面忠诚老实，行为好像也清正廉洁，所以在乡里有不错的声誉。但是这种人，你没法跟他去实践尧舜之道，没法与他去追求理想。这一点很重要，也是孔子、孟子憎恨乡愿的原因所在。乡愿最大的特点就是没有原则，没有自我，他们对于现实是无条件地认同和附和。你想与他谈理想，谈如何改造社会，是绝对不可能的。所以儒家虽然不否定现实人生，但并不认为人生活于其中的社会就是完满的，相反是需要我们加以改造的。所以孔子一生崇尚道、追求道，道就是最高理想，懂得了道，才可能明白人生的意义何在，才有可能去改造社会，所以"朝闻道，夕死可矣"（《论语·里仁》）。可是这些恰恰是乡愿做不到的，他们只会混同于流俗，不懂得还有更高的人生目标，还有道和自我。

追求道就必须有内在自我，有道德主体，所以孔子教导弟子要"仁以为己任"，"死而后已"（《泰伯》），"三军可夺帅也，匹夫不可夺志也"（《子罕》）。志就是独，是内在的意志，是真实的自我。孟子讲"先立乎其大者，则其小者弗能夺也"，先把心确立起来，耳目五官就无法夺取你的心志。所以"自反而不缩，虽褐宽博，吾不惴焉。自反而缩，虽千万人，吾往矣"（《公孙丑上》）。"缩"是直的意思，"不缩"就不直，也就是理亏。"褐宽博"，指褐布做的宽大的衣服，这里指穿宽大衣服的人，也就是地位低下的人，类似我们今天说的乡巴佬。"惴"是恐吓的意思。自问理亏，并不占理，即使面对着地位低下的人，我也不恐吓他，不会仗势欺人。自问理直，真理掌握在我的手里，即使面对千军万马，我也勇往直前，不会被你的权势所吓倒。这就是独，指内在意志，真实的自我。荀子虽然讲群，但同时也讲诚，讲慎独。所以在儒家那里，是有一个重视独、重视真实自我的传统的，《大学》的诚意慎独，只有放在这个思想脉络中，才可以得到理解。

儒家重视群，但同时也讲独，儒学是群与独的统一，不是在群与独之间取其一偏，而是保持中道。到了近代，章太炎先生写过一篇《明独》的文章，对群与独的关系做了很好的总结，他提出"夫大独必群，不群非独也"[1]。"大独"，真正的独，也就是真实的自我，独立的个体。独立的个体并不是与社会相隔绝，不是遗世而独立，做桃花源中的隐者，而是在社会中成就、完成自己，同时也完善、改造着社会。不能参与到社会之

---

[1] 梁涛：《〈訄书〉评注》，西安：陕西人民出版社，2003年，第396页。

中、不能与人群的，就不是真正的独。同样，"大独必群，群必以独成"[1]。群是由真正的个体组成的，一群奴隶是无法组成群的。专制社会不准人们发展独立个性，把个人变成家族、宗派、山头、地域等宗法封建关系的附属物，只能造成整个社会的分裂，是对社会的最大危害，"小群，大群之贼也"[2]。只有独立人格、独立意志的真正个体，才能形成真正的群，建立起现代的国家，"大独，大群之母也"[3]。

所以说儒学有重视人伦关系、礼义秩序的一面，这是与其现实主义的人生态度相适应的。但儒家也有重视独、重视个体、重视人的意志自由的一面，这是其理想主义人生追求的内在根源和动力。章太炎先生的概括非常好，"大独必群"，不能只讲独不讲群，这样的独只是消极的独，不是积极的独；"群必以独"，真正的群只能由独立的个体所构成，现代的国家只能由自主、独立的公民所组成，这才是我们今天读《大学》"慎独诚意"章的精益所在，对于《大学》中慎独的"独"必须这样去理解。相反，如果把"独"理解为独居独处，思想境界就低了，也不符合《大学》的原意。

第四节　曾子的慎独思想

曾子名参，字子舆，是孔子晚年大弟子。在颜回去世之后，曾子成为孔子思想的主要传承人。目前学界对曾子思想关注尚有不足，对曾子"慎独"思想缺乏深入研究就是其中一例。牟宗三先生指出："慎独"观念由曾子创建。[4]如前所述，汉唐大儒对"慎独"的理解大多从"闲居""独处"着眼。王阳明赋予了"慎独"全新内涵，"独"是指良知本体，"慎独"就是随时随地让良知本体引领人的言行。以上说法，多立足于《中庸》。然不应忽略曾子及其《大学》[5]，其为儒家"慎独"思想最为重要的源头之一，故分析曾子哲学中"慎独"思想的内涵与特点，对梳理数千年"慎独"观念的缘起与变迁非常重要。

---

[1]梁涛：《〈訄书〉评注》，西安：陕西人民出版社，2003年，第397页。

[2]梁涛：《〈訄书〉评注》，西安：陕西人民出版社，2003年，第397~398页。

[3]梁涛：《〈訄书〉评注》，西安：陕西人民出版社，2003年，第398页。

[4]牟宗三：《中国哲学十九讲》，上海：上海古籍出版社，2005年，第64页。

[5]有关《大学》作者的问题，二程、朱子认为是曾子及其弟子，但后人有疑义；不过从思想倾向看，其与曾子的言论主张是一致的，这里采信程朱的看法。

　　"慎独"之"独"，有独处、独自的含义，也有专注、专一之义，但更多强调的是人内在身心的专一性，"独"并不是对"群"或者"多"的否定，而是表现为人真实情感的流露，及对道德的明觉反思。陈来先生认为，"舍体是'独'的方式，也是'独'的结果。慎其独就是顺其心，就是舍去其他的知觉所好而专顺一心。"[1]因此，"独"强调的是"真"，强调人真实无妄地展现人之为人的本质。"慎独"之"慎"，有"谨"之意，但在此处将训解释为"诚"更为妥帖，"慎独"与"诚信"无异，均强调人的表里、公私、前后保持一致，此一致即自我内在与外在的统一性，其本质即精神自持，不与外界俯仰。如将"慎"作为动词使用，"慎"的意思则是"诚之"，意即人内外保持一致、真实无妄。

　　表里一致、真实无妄的思想在孔子那里已见端倪。孔子重诚信，要求对待知识秉持实事求是的原则，"知之为知之，不知为不知，是知也"（《论语·为政》）。《论语·八佾》曰："祭如在，祭神如神在。吾不与祭，如不祭。"祭祀最重要的就是对神明要虔诚，如果做不到，还不如不去祭祀。"君子义以为质，礼以行之，孙（逊）以出之，信以成之，君子哉！"（《论语·卫灵公》）孔子将诚信作为成就君子人格的工夫，实则吹响了慎独的前奏。曾子承续孔子诚信精神，"吾日三省吾身：为人谋而不忠乎？与朋友交而不信乎？传不习乎？"（《论语·学而》）曾子以此三者来日省其身，要求真诚地对待他人，做到身心一致、表里如一、不自欺。朱熹认为："三者之序，则又以忠信为传习之本也"，[2]"忠信"与"守约""慎独"具有内在的关联性。牟宗三先生认为：曾子的"守约"就是慎独的精神，且慎独由曾子开端："慎独这个观念孔子没讲，孟子也没讲。如果你要追溯这个观念的历史渊源，那应该追溯到谁呢？当然是曾子。……我们凭什么说慎独是由曾子开端呢？我们能不能从文献中找出线索呢？曾子不是说'吾日三省吾身'吗？孟子曾经用两个字来说曾子，就是'守约'这两个字。守约就是慎独的精神。"[3]《大学》对"慎其独"的解释是："所谓诚其意者，毋自欺也。如恶恶臭，如好好色，此之谓自谦。故君子必慎其独也。小人闲居为不善，无所不至，见君子而后厌然，掩其不善，而著其善。人之视己，如见其肺肝然，则何益矣。此谓诚于中，形于外，故君子必慎其独也"。曾子的"慎独"是在强调高度的自我一致，这是一种立足于道德自我一致性建构价值世界的行为活动。

[1]陈来：《"慎独"与帛书〈五行〉思想》，《中国哲学史》2008年第1期，第5~13页。

[2]（宋）朱熹：《四书章句集注》，北京：中华书局，1986年，第48页。

[3]牟宗三：《中国哲学十九讲》，上海：上海古籍出版社，2005年，第64页。

　　曾子的"慎独"包含两个维度。其一是空间维度，这个空间包含他人在场的公共空间和"闲居""独处"的私人场域；其二是精神维度，以守约为继善、成德之基，通过察识内心的得失，反省自身是否遵从道德、是否违背礼义，在此过程中挺立道德主体，成就真我。

　　首先，就空间维度而言，"慎独"之"独"是"众中"之"独"，并不局限于闲居幽隐。"曾子曰：'十目所视，十手所指，其严乎！'富润屋，德润身，心广体胖，故君子必诚其意。"（《礼记·大学》）"十目所视，十手所指"指在大庭广众之上、众目睽睽之下，此时的"独"并非一个私密环境，而是一个"一对多""独对群""私对公"的公开场域，但它不是对多或者群的否定，而是对多和群的超越。因此，"慎独"在某种程度上，既扬弃公、私之异，又超越两者之别，实现化私为公，融"独"为"众"。空间维度的"慎独"指向道德他律。"人之视己，如见其肺肝然"，人的行为并不是纯粹私我的，其无法抗拒来自公域的审视。《论语》记载，君子和小人对待过错有所不同："君子之过也，如日月之食焉。过也，人皆见之；更也，人皆仰之。""小人之过也必文。"（《论语·子张》）君子接受他人的审视，正视自己的过错，内心是平静的，并没有"不安"或是"愧疚"。这是源自"慎独"的一贯和一致性，消融弥合了人前私下的双重伦理空间，真正做到君子坦荡荡。"慎独"不仅指向个体"正心""诚意"的精神修养，同时也指向人我之间伦理秩序的建构。《荀子·法行》记载曾子之言："同游而不见爱者，吾必不仁也；交而不见敬者，吾必不长也；临财而不见信者，吾必不信也。三者在身曷怨人！怨人者穷，怨天者无识。失之己而反诸人，岂不亦迂哉！"在曾子看来，与人郊游不受喜爱、与人交往不受重视、分配财物不受信任，出现这三种情况的原因在于自身而非他人。当与他人发生矛盾和冲突时，君子要自我反省，通过内在心性的完善从而与世界相接引而同济，这才是守约的精神。

　　其次，从精神维度而言，"慎独"具有内在倾向性，隐藏着道德心灵、意志、情感活动等多项内容。具体而言：第一，"慎独"具备"如恶恶臭，如好好色"所具有的道德意向结构。第二，"慎独"是指道德自我以至善为终极根据，包含对意志的起用是否合理、意念活动是否为善等活动的审查。"君子见利思辱，见恶思诟，嗜欲思耻，忿怒思患，君子终身守此战战也"（《大戴礼记·曾子立事》）。君子遇见利益就要想到由此可能引起的对名声的损害，遇到不好的事就要想到由此可能带来的指责，贪恋情欲就要想到由此可能产生的耻辱，生气恼怒就要想到由此控制不住而可能发生的祸患，君子应终生为此而战战兢兢，思辱、思诟、思耻和思患之思就是一种道德自我的内在省察，这也反映在曾子谈"慎独"从"诚其意"开始。对《大学》的"诚其意"，牟宗三先生就径直理解为"慎独"："《大学》也讲慎独，它是从诚意讲。……这些都是严格的道德意识。所以慎独是最重要的。"[1]徐复观先生也强调"慎独"就是一种精神自观和意念省察，"'慎独'是在意念初动的时候，省察其是出于性还是出于生理的欲望"[2]。可见，"慎独"是一种道德意识的自我约束，其本质是一种内在道德自觉。精神维度的"慎独"是一种道德自律，"诚于中"而"形于外"，这就意味着精神自律和行为自律必须相互贯通、互为一体。曾子将内心的克诚工夫与践义并举，"君子攻其恶，求其过，强其所不能，去私欲，从事于义，可谓学矣"（《大戴礼记·曾子立事》）。"攻其恶，求其过，强其所不能，去私欲"意为自我反省、攻除内心之恶、去除私欲情欲，这需要"至诚无妄"的克己工夫；"从事于义"是指躬身行义，类似于孟子的"集义"。克诚与事义均需要自我反省，从而形成一种由内以达外，再由外以反内的精诚状态，孟子称之为"守约"。牟宗三先生认为，曾子的"守约"，其精神底蕴就是"慎独"："孟子曾经用两个字来说曾子，就是'守约'这两个字。守约就是慎独的精神。"[3]从价值目标的投向上说，"守约"是对约定与规则的遵守，不因外在环境和条件的变化而变化，始终如一，矢志不移；这种"守约"，有精神上的自觉，有信念上的坚守，其间所体现的是自我的高度统一，展现了人所追求的道德自我一致性。简言之，"守约"的"慎独"，实是自我的自诚自明之体现，是"为仁由己"的主体精神之外化，亦是一种淳厚的内圣功夫。

总之，就空间维度来说，"慎独"追求的是身心如一、表里一致，不论是公众场合，还是在私人空间，都做到始终如一，丝毫不放松诚意守约；就精神维度而言，"慎独"强调内心不自欺，是一种道德自律，更是一种极致的自我证成。如果说前者是"慎独"形式表现的话，后者则是曾子"慎独"的本质，它将空间上的无差异性，提升为精神维度的一致性。

现代新儒家梁漱溟先生说："慎独之'独'，正指向宇宙生命之无对，慎独之'慎'正谓宇宙生命不容有懈。儒家之学只是一个慎独。"[4]梁漱溟先生说慎独蕴含形而上的追求，构成了儒学非常重要的传统。曾子的"慎独"思想强调的是心、意、身合

---

[1] 牟宗三：《中国哲学十九讲》，上海：上海古籍出版社，2005 年，第 64 页。

[2] 徐复观：《中国人性论史》，上海：华东师范大学出版社，2005 年，第 77 页。

[3] 牟宗三：《中国哲学十九讲》，上海：上海古籍出版社，2005 年，第 48 页。

[4] 梁漱溟：《人心与人生》，上海：上海人民出版社，2005 年，第 130 页。

一，强调的是道德自律和内在德性自觉。曾子的"慎独"涉及的不仅是内圣方面的正心诚意，更涉及外王方面的成己成人、修齐治平，这是曾子慎独思想的丰富及深刻之处。总之，曾子"慎独"表达了儒家安身立命的思想，既显示了儒家穷达不变修齐治平的入世信念，也深刻揭示了儒家力主"反身而诚"、成就自我的自信与自强。既沃润了中国古代文化的人文精神，也深刻塑造了中国古代伦理道德为仁由己的主体性。

总之，曾子确实在"慎独"思想传统的形成、践行和流传方面起到了重要作用，产生了深远影响。"慎独"也成为君子最重要的修身之道。我们要继承发扬"慎独"的传统，积极修为君子之道，不妨以曾子为榜样。

第五章　君子人格与公民身份

🌸 阅读提示 🌸

我们生活于现代社会，而现代社会是公民社会，《宪法》第三十三条规定："凡具有中华人民共和国国籍的人都是中华人民共和国公民。"当今提倡的君子文化则是传统儒家语境中的理想人格，而君子人格可谓中国传统文化的精华。法定的公民身份与传统的君子文化之间当然不可能完全一致，二者在理论和实践上能否兼容、如何兼容是一个不容回避的问题。了解近现代以来这方面的探讨过程，明确当代对君子人格、君子文化的要求，对于如何有效营造君子文化、怎样成就君子人格，无疑具有重要的意义。

近年来，营造君子文化正成为学界讨论的热点。君子文化与现代社会、君子人格与现代公民能否兼容、如何兼容？这是讨论的热点之一。由于中国的社会形态发生了从传统社会向现代社会的深刻变化，这样的讨论早在清末民初就开始了。不过，由于时代变化和学者认识的不同，百年来讨论时断时续，意见不能统一。近年来学界讨论的"君子公民"，旨在将传统君子与现代公民融合为一种新型的人格范式，从而实现传统君子道德的创造性转化。但有一些问题还没有得到很好解决，需要继续探索。君子是传统儒家语境中的理想人格，而现代社会是公民社会，公民则是现代社会政治经济生活的身份主体，二者既有古今之别，亦有中西之异，它们如何才能很好地结合起来，作为现代公民怎样才能同时具备理想的君子人格？这就需要妥善地回答君子理论在什么程度上可以补充公民理论的问题。一个容易忽视的问题是，假若一个君子首先是一个公民的话，那么君子的道德认同与公民的身份认同是否存在冲突的可能，又如何化解这种冲突？换言之，君子公民的权利基础与道德边界如何厘定？这些问题彼此勾连，又直接关系到"君子公民"理论的证明和成立，都需要认真思考。作为以君子人格为追求的大学师生，对这方面的研究过程应有所了解。

第一节　身份转型

君子与公民的关系问题，可以说是百年中国"身份转型"议题的核心之问，学者回答这一问题的立场与观点的演变，本身就构成了近现代思想史的重要脉络。传统社会中的君子进入现代社会之后，身份自然成了"公民"，但其必须经历一个"君子的公民化"的过程，成为"公民式君子"；而当今在现代公民中提倡君子文化，倡树君子人格，则是一个"公民的君子化"过程，通过这一过程，将出现大批"君子式公民"。这样两种不同的过程是针对不同时期的人而言的。在这样的过程中，"君子"的概念也必须根据时代变化做出新的解释，使之适应当今社会的要求。因为，当代中国人在法律和政治上都已经成为"公民"是一个不争的事实。在政治和法律上，当代中国人的自我认同是一个与现代民族、国家相互关联的概念，国家认同、爱国主义是当代中国人塑造自我身份的关键的文化和意识形态要素；当代中国人已经是一个具有被政治共同体（国家）承认的资格（国籍），享有被法律保护的各项公民权利，以及有权参与政治与社会公共事务的公民。在当今倡树君子文化，是在"公民性"作为主体的基础上，施之以"君子性"的道德完善，以实现社会的更好发展和更大进步。英国法律史学家亨利·梅因（1822~1888）曾指出："从身份到契约""个人代替家族"，是所有进步社会运动的一个共同点。[1]中国近现代史的演变无疑印证了这一观点，从传统社会的君子到现代社会的公民正是这样一种身份的转变。然而，我们要追问的是，这一转变是如何发生的？

君子人格是中国传统社会以儒家为主要代表的士子们的长期追求。道家、法家、墨家在君子问题上也都有相近的理解。君子人格可谓中国传统文化的精华。君子人格的内涵和外延在春秋后期经孔子改造基本定型之后，又经过孟子、荀子的发展和完善，总体是稳定的，历代的人们对此是有共识的。

中国人对于君子人格的信仰裂变，无疑是近代在欧风美雨的冲击之下产生的。"三千年未有之大变局"给传统文化包括传统做人观念带来了巨大冲击，对传统文化的种种怀疑和否定于是应运而生。这种"怀疑"首先发生在知识精英阶层。梁启超

---

[1]（英）亨利·梅因：《古代法》，沈景一译，北京：商务印书馆，1959年，第96~97页。

（1873~1929）是较早认识到君子人格难以适应现代社会的学者，他在1902年发表的《新民说》中提出了培育"新民"这一时代议题。梁启超从区分公德与私德入手，认为"无私德则不能立""无公德则不能团"，而"我国民所最缺者，公德其一端也"[1]，因此他提倡公德与私德互补，认为道德并非只是个人的身心性命之事，更关乎群体之利，这种由私德与公德的互补所造成的新型人格便是"新民"。可见，在他那里，理想人格已由君子让位于"新民"。但梁启超并没有完全否定传统道德，他的做法是一面揭示传统道德之不足，一面引入西方道德从而改造旧道德。他也谈到了权利思想，但他不是从自然权利角度来论述个人权利，而是强调个人对于群体的义务，这也是清末民初思想家的共同特点。

相较于梁启超，五四一代学人对待传统文化的态度有了很大的变化。他们已经意识到，传统道德难以融入现代社会的真正原因在于个人权利的缺席。陈独秀（1879~1942）说："西洋民族，自古迄今，彻头彻尾，个人主义之民族也……法律之前，个人平等也。个人之自由权利，载诸宪章，国法不得而剥夺之，所谓人权是也。"陈独秀将家族本位与个人本位看作中国社会与西方社会的一个本质区别，这可以说是同时代学人的共识，本无可厚非，但他认为西洋民族是"彻头彻尾个人主义之民族"，则显示出他对于西学的生疏。在五四一代学人当中，对于个人权利思想有真切了解的首推胡适（1891~1962）。胡适认为中国传统道德在独立人格、批判意识和责任精神等方面皆存在巨大缺失，因此，他将改造社会、再造文明的理想归结到了改造国民性上，亦即培育健全独立的现代人格。在他看来，改造社会的根本在于改造个人，只有培育出理想人格才能"造不亡之因"。胡适认为，"社会最大的罪恶莫过于摧折个人的个性"，而"要发展个人的个性，须有两个条件。第一，须使个人有自由意志。第二，须使个人担干系、负责任"[2]。由此，胡适的"国民性改造"突出了"权利与责任"两个要旨：一方面强调个体的独立自由意志；另一方面又强调个体对他人和社会的责任。胡适基本上将传统道德视为一种落后的东西，他呼吁用西方的自由、平等、民主代替儒家的"三纲五常"，用个人本位的新道德代替家族本位的旧道德。胡适的"健全人格"论明显受到了西方自由主义的影响，但有趣的是，他同社群主义一样强调个人对于社会、国家和民族的责任。胡适敏锐地意识到"国民性改造"的问题本质上是"人的现代化问题"，他比梁启超、孙中山（1866~1925）等人更为深刻地看到了道德与权利之间的复杂关系，认识到了

[1]梁启超：《新民说》，北京：商务印书馆，2016年，第19页。

[2]胡适：《易卜生主义》，《胡适文集》卷二，北京：北京大学出版社，2013年，第441页。

建设新道德决不能忽视个体权利。

五四学人宣扬的个人权利思想与西方的个体主义是存在不少差异的。前者强调个人对社会和国家的责任，后者则强调个体与生俱来、不可让渡的权利。西方的个体权利观念是在反抗小共同体本位的中世纪宗法传统过程中发展出来的。五四学人在引入个体权利思想时，主要是在反宗法、反传统这个意义上来使用，但传统中国社会的真正问题在于极权专制扼杀个人权利，宗族作为社会中间层其实也是中央集权打击的对象，用个体主义来反宗法而非反专制多少有点"问题错位"[1]。实际上，个体由于失去了宗族小共同体的庇护，从此只能独自面对强权和军阀，更显势单力孤。

随着五四运动的主题转向"反帝反封建"，民族主义与国家主义两股势力兴起，个体主义逐渐失去了号召力，而到了五四后期，由于反自由主义和反个人主义的思潮的发展[2]，更使得个体主义成了一种不合时宜的东西。另外，反传统思想也为"身份转型"设置了不小的障碍。一些有影响力的文人将传统文化看作拖累民族前进的包袱，对传统文化中的优秀成分则避而不谈，以为将旧文化"推倒重来"、全面引入西方文明就能改变中国落后的面貌，从而不知不觉迈进了文化激进主义的泥潭。

由于传统价值观被彻底颠覆，在传统与现代之间出现了深刻的断裂，使君子与公民还未来得及结合到一起，就彻底地分道扬镳了。既然身份转型无法按照现代化的进程自然发生，传统道德也就失去了现代化的重要着力点。

现代公民观念虽然发轫于欧洲，但它与古希腊、古罗马的公民概念存在很大差异。事实上，正是由于西方思想家不断重塑公民思想，公民思想才能不断适应西方社会结构的变化，从而激活其理论生命力。相应地，君子能否重新被视作现代社会的理想人格，也有赖于中国思想家对"君子"予以重新诠释。五四学人试图从西方文明中寻找医治中国社会问题的药方，他们将西方文明视为普适化的现代文明，将中国文明视为落后愚昧的特殊文明，从而将中国文明置于西方文明的对立面，将古今之异替换成中西之分，又将中西之分解释为共殊之别（"西方普遍，东方特殊"）。在今天看来，这种对文化主体性的自我消解，不顾及民族"文化自信"的做法，显然是不可取的。因而"超越五四"，寻找一种重新看待传统文化的整体视角，便有着强烈的现实需要。相比较而言，梁启超融合公德与私德的思路是值得重视的，其既不"崇西"亦不"尊

[1] 秦晖：《传统十论》，太原：山西人民出版社，2019年，第84~85页。

[2]（美）周策纵：《五四运动史》，陈永明，张静译，成都：四川人民出版社，2019年，第361页。

中"的态度也最为稳妥。20世纪八九十年代以来，基于发扬优秀传统文化的需要，李泽厚（1930~2021）、陈来、林安梧、孙向晨等学者继续推进了身份转型的议题。相较于前人，他们更为充分地考虑到了中西道德之间的拮抗性，也看到了西方社会的问题，不再盲目地崇拜西方，反而重视和挖掘中国本有的思想资源。正是在这样的思想背景下，"君子公民"被提了出来。

第二节　权利优先于善

五四学人通常比较关注传统道德与现代公民道德之间的紧张，但其实更深刻的紧张存在于道德主体与权利主体之间。君子是传统儒家的理想人格范式，经孔子加以改造之后，本质上是一个道德主体，主要指向善；公民则是反映个体与国家间权利、义务与责任关系的身份主体，可以归结为权利个体，主要指向权利。就此而言，君子公民同时肯定了两个主体，而二者分别指向两套并不完全一致的价值体系。因此就"君子公民"理论来说，它内在地蕴含了权利与善的张力。当然，这并不是说权利与道德是截然对立的，而是意在指出，在一个权利话语缺乏抑或道德话语强烈的社会，二者之间是存在广泛张力的。

林安梧是较早试图从理论上解决这种张力的学者，他的方案是"先公民后君子"。林氏认为传统宗法社会的解体必然带来传统道德与现代社会结构不适应的问题，由于现代社会是契约社会，因此现代人必须以一个独立的个体进入社会。[1]在林氏看来，君子的道德认同有害于公民的身份认同，现代人"应该先成为公民，然后成为君子，先具备公民的基本素质，再谈君子的修养"[2]。他既不认同传统儒家"壹是皆以修身为本"的行动逻辑，也不同意牟宗三"由内圣开出新外王"的思路，他主张通过学习新外王来调理内圣，以社会正义论、责任伦理为核心的儒学思考取代专制帝王底下那种良知自虐式的修身哲学，将"以血缘亲情为主导的君子儒学"转变为"以契约正义为主导的公民儒学"[3]。

林氏看到了君子道德与公民道德的融合进路隐含了个体权利能否独立的问题：如果

---

[1] 林安梧：《孔子思想与"公民儒学"》，《文史哲》2011年第6期。

[2] 栾小惠，林安梧：《先公民后君子》，《走向世界》2014年第28期。

[3] 林安梧：《儒学转型——由"君子儒学"到"公民儒学"》，《当代儒学》2020年第2期。

过度强调个人道德，则容易导致个人道德吞噬公共道德从而不利于公民社会的确立。这种担忧无疑是有历史依据的，但林氏的问题在于：第一，他过于强调传统道德对于公民社会的负面作用，而对其正面作用认识不足；第二，林氏将公民的养成置于传统道德的学习之前，这是不切实际的。因为具体的人总是身处具体的伦理环境之中，从小耳濡目染而不受其影响是不现实的。退一步讲，即使林氏的设想是可能的，君子理论与公民理论在他那里仍然没有融贯成一个内在协调的理论；第三，"公民儒学"要求个人先成为公民再谈君子的修养也是不现实的。因为做君子的代价远高于做公民，既然公民本身已经是一种完满自足的伦理规范，那么公民进一步修身自律成为君子的必要性从何而来？总的来讲，林氏这种"先后方案"无法从根源上化解君子与公民背后的价值张力，我们还须寻求一个更为合理的理论框架来解决这一问题。

不得不承认，在中国语境中讨论权利与善的问题面临比西方更为复杂的历史文化背景。抛开当前思想界复杂的政治光谱不论，即使在传统文化领域内，也存在截然不同的看法，例如李泽厚就明确主张"权利优先于善"[1]，而陈来则坚持"善优先于权利"[2]。如此旗帜鲜明的对立，背后所折射的是相关学者在形上预设、伦理关怀及政治倾向等方面的巨大差异。

陈来先生对李泽厚的观点给予了系统批判，认为李泽厚始终未能处理好现代社会性道德与反映人类生存整体延续的绝对伦理之间的关系。[3]陈先生的相关批评富有真知灼见，但也有值得进一步思考的地方。首先，陈先生所强调的"绝对伦理"是指儒家的和谐、仁爱等价值，他认为这些价值根源于人类总体生存延续的需要，因而具有普遍性和永恒性，必须加以坚守。然而，即便我们承认仁爱、和谐源于人类总体的生存延续的需要，似乎也无法从中得出"善优先于权利"这一结论，因为从逻辑上来讲，基于个体权利的共同善更有利于人类总体的延续。肯定共同善的确是传统儒家的价值倾向（也是大多数古典文明的倾向），但我们不能就此断定"善优先于权利"是儒家一以贯之的选择，因为善与权利的问题和语境都来自近现代，古人尚没有这样的问题意识。其次，从理论上来讲，健康的个体主义应当包括两个相互支撑的方面：一是个体权利，二是道德自律，后者是建立在前者基础之上的，即"首先有个体的自由权利，然后才是个体的道

---

[1]李泽厚：《哲学纲要》，北京：中华书局，2015年，第84页。

[2]陈来：《儒学美德论》，北京：生活·读书·新知三联书店，2019年，第242页。

[3]陈来：《儒学美德论》，北京：生活·读书·新知三联书店，2019年，第242页。

德自律"[1]，而不是相反。将道德凌驾于权利之上，不仅虚化了个体权利，而且使得道德失去了应有的边界，容易陷入被工具化的危险。正如有学者所指出的，"强调普遍的善对个人权利的绝对优先性，始终存在着极权主义的危险"[2]。道德和权利之间只有有明确界限，后者才能给前者提供底线的保障，而前者才能正常发展。[3]最后，就现实层面而言，和谐与仁爱等价值固然立意高远，但并不是维系现代社会运转所必要的基本价值观，而李泽厚所强调的个体权利、契约精神、程序正义等内容恰恰是维持现代社会运转的底层逻辑。正如有学者所指出的，"个体主义的确立已经成了现代社会的灵魂，是建构现代社会制度的基础"[4]，没有个体权利，我们的经济、法律等社会制度都无法运转起来，我们的讨论应该基于这些事实，在权利个体的基础上谈论道德发展。

应该承认，儒家学说缺乏对个体权利的尊重和承诺。"君子公民"论必须吸取这一教训，重新调整权利与善的关系，确立权利的优先性，承认"基于法律的公民关系逻辑上优先于基于血缘、地缘和语言、信仰等前政治元素的诸种关系"[5]。要之，"君子公民"论应该从以求善为目的的价值体系转换为以权利为基础的价值体系。君子理论决不能成为破坏公民理论的东西，而应是对公民理论的补充或调适上遂。唯有如此，君子才能真正来到现代社会。

第三节　追求美德

公民与君子在道德维度上是存在诸多重叠的，例如诚信、勇敢、节制、友爱等，既是公民德性也是儒家所强调的德性，但不可否认，君子对于个人德性的要求远高于公民。对于现代人而言，既然遵守公民道德已经能够满足社会的基本要求，又何必去追求一种更高的道德？或者说，对于君子公民而言，君子道德的必要性体现在哪里？这一点其实是由君子理论对于公民理论的补充作用来说明的。概言之，君子理论可以在两个维度上完善基于权利个体的公民理论：其一是在社会层面提供某些共同善的价值以弥补个

[1]孙向晨：《论家：个体与亲亲》，上海：华东师范大学出版社，2019年，第83页。

[2]俞可平：《社群主义》，北京：东方出版社，2015年，第135页。

[3]秦晖：《共同的底线》，南京：江苏文艺出版社，2013年，第43页。

[4]孙向晨：《论家：个体与亲亲》，上海：华东师范大学出版社，2019年，第83页。

[5]陈明：《儒教与公民社会》，北京：东方出版社，2013年，第7页。

体主义的不足；其二是在个体层面追求美德和精神境界，尤其是通过道德修养实现个人的内在超越。

多数学者认为，一定程度的共同善和美德是维系一个社会所必需的东西，仅靠个体主义还不足以达成良序社会以及多民族国家的国族认同。儒家历来都表露出对共同善与美德的肯定和追求，并且二者有着紧密的内在联系，所谓"穷则独善其身，达则兼济天下"（《孟子·尽心章句上》），共同善的追求是植根于个人德性之中的，从"修己以敬"到"修己以安人""修己以安百姓"（《论语·宪问》），都有着内在的生发关系。更有甚者，君子不止于"成己"，还要"成物"，所谓"仁者以天地万物为一体"[1]，将宇宙万物视为生生不息、痛痒相关的整体，从而对于宇宙万物都负有道德上的责任。总之，儒家对于美德与共同善的追求是一贯而明确的，并且形成了一个非常厚重的传统。就此而言，儒家的确可以提供某种"公民宗教"的资源，我们在寻求类似理论资源的时候，植根于传统应该是合理的选择。

当然，这种"植根"是有前提的。道德固然是挺立伟大人格的关键所在，但个体的尊严价值主要不是通过道德修为获取的，而是通过天赋权利保证的[2]，并且道德也不是生活的终极意义和主要目的，在这里，我们有必要在理论上限定君子公民的道德边界。美国哲学家罗伯特·诺奇克（1938~2002）认为，权利是界限性的道德约束，而不是直接追求的行为目的，他把这种道德约束称为"边界约束"（side constraints）[3]。"边界约束"表达了他人的神圣不可侵犯性，这一观点也适用于道德本身，道德如果漫无边际就容易侵犯权利。关于道德边界的探讨，牟宗三的"坎陷"论、李泽厚的"两德"论都透露出了相关的问题意识。以李泽厚为例，他区分了"社会性道德"与"宗教性道德"。所谓"社会性道德"，主要是指在现代社会的人际关系和人群交往中个人的行为活动所应遵循的自觉原则和标准。[4]社会性道德以个体为主体和基础，常与法律、政治、经济相关联，因此具有相对性。所谓"宗教性道德"，是主体追求的终极关怀和最高价值，也是人类古往今来共同确认的普遍伦理原则。前者是道德的最低要求，群体中的每个个体

---

[1]（宋）程颢，程颐：《二程集》，北京：中华书局，2004 年，第 15 页。

[2] 孙向晨：《论家：个体与亲亲》，上海：华东师范大学出版社，2019 年，第 86 页。

[3]（美）诺奇克：《无政府、国家和乌托邦》，姚大志译，北京：中国社会科学出版社，2008 年，第 36~39 页。

[4] 李泽厚：《历史本体论》，《己卯五说》，北京：生活·读书·新知三联书店，2008 年，第 60 页。

都必须遵从；后者则关乎个人修养，是个体主观的选择，其内容是基于自由意志的绝对律令，因而具有绝对伦理的特征。[1]李泽厚认为，"宗教性道德本源于社会性道德"，因此并不存在什么先天的道德本体，这与儒家所理解的道德显然是有所不同的。

　　相较于梁启超对私德与公德的区分，李泽厚则区分了道德的绝对性和相对性，他的出发点在于：不能用一个较高的道德（宗教性道德）标准去要求每个人，而只能用一个较低标准的道德（社会性道德）去规范人，宗教性道德应基于个人的选择。"两德"论的本意是解决儒家伦理中的"泛道德主义"和传统社会"政教合一"的弊病，但由于李泽厚强烈的五四意识，他非常警惕宗教性道德对于人性的束缚，从而未能充分意识到宗教性道德对治理现代性弊病、维系国族认同乃至提供政治合法性等方面的价值。陈来认为李泽厚思想中蕴含了"人是目的"与人类总体利益之间的内在紧张[2]，而儒家则代表了一种人类总体利益的立场，在逻辑上优先于个人权利，因此绝对伦理不能让位于个人目的，"善优先于权利"。陈先生所说的个人道德很大程度上是指以个人修养为核心的君子道德观，他认为"恢复个人道德的独立性和重要性，并大力倡导社会公德，是反思当代中国道德生活的关键"[3]。陈先生的思考无疑是与时俱进的，然而他的论述似乎隐含着这样一种假设，即存在一种完满的人与完善的生活方式，他们代表了最高的善，这不免让人产生"完善"论的疑虑。更重要的是，陈先生丢掉了李泽厚那种"道德边界"的问题意识，对于儒家伦理能否成为普遍化的道德规范缺乏应有的说明。我们要追问的是，陈先生的"完善"论是否可以作为一种普遍的道德规范加诸每一个公民？如果是，如何避免"泛道德主义"的问题？毕竟对于大多数人而言，陈先生所说的"个人道德"中的某些部分（如温良恭俭让）仍然是难以企及的。

　　道德边界的另一个重要来源是现实的法律。一般认为，儒家道德基于道义而非基于法律，所谓"君子义以为质"（《论语·卫灵公》），虽然二者在很大程度上是相容的，但儒家的道义观并不满足于法律的正义。易言之，对于君子而言，法律只是最低限度的道义，与道义相冲突的行为是不被允许的，但这种严格的限制未必适用于法律。例如，《礼记·曲礼上》云"父之仇，弗与共戴天"，子女为父报仇是符合原始儒家道义观的，按公羊家"大复仇"义，君父之仇在必报之列，但复仇行为显然有违现代的法治

[1]李泽厚：《历史本体论》，《己卯五说》，北京：生活·读书·新知三联书店，2008年，第51页。

[2]孙向晨：《论家：个体与亲亲》，上海：华东师范大学出版社，2019年，第195页。

[3]陈来：《儒学美德论》，北京：生活·读书·新知三联书店，2008年，第80页。

精神（事实上唐律就已经抑制复仇行为了），自然也为君子公民所不许。当然，这并不是说君子公民仅仅满足于不违背法律这样一种较低的道德要求。因为我们在进行道德评判时，常常会采取一些高于公民道德的评判标准，尤其是在一些公共事件的评价上，我们的主流价值观是不满足于那种仅限于个人权利层次的自我辩护的。另外，一些推动社会进步的事件也常常是在道义而不是在法律的名义下进行的。当然，我们决不能由此简单地认定儒家的道义观有助于法律的完善。总的来讲，君子公民的行为逻辑是基于法律的，部分超出法律的"分外道德"[1]虽然是君子公民所允许的，但其突破法律边界的行为当且仅当基于理性慎思并且在能够促进群体的善的情况下才具有正当性。

综上所述，君子公民在道德上追求的是一种基于个体权利的美德，这种美德既包括那些相互默认的公民德性，也包括一部分"分外道德"，即儒家所肯定的那些善观念，如恻隐之心、民胞物与、万物一体等。社群主义所强调的那种基于某种形而上的善观念的正义观的确更符合儒家思想，但社群主义者并不会认同以儒家理念建构起来的价值体系。美国哲学家约翰·罗尔斯（1921~2002）所强调的"自由人的平等政治"是我们所肯定的，但我们同时认为社会正义的基础可以是复数而不必是单数，即既包括罗尔斯所说的自由而平等的公民观念和公共的正义观念，也包括社群主义所强调的某些宗教信仰或哲学学说所给定的善观念。换言之，君子公民理论在"权利优先于善"这一点上同罗尔斯是一致的，但在追求共同善的问题上比罗尔斯更为乐观，我们认为儒家的某些善观念可以作为正义的形而上的基础，同时还认为社会正义的充分实现有赖于君子美德。总之，君子公民意味着个体与社群的平衡，既不孤立地谈个体，也不孤立地谈社群，儒家的理想人格是能在群性和个性之间维持平衡的人，可谓得之。

"君子公民"论不同于公民理论的另一要点是重新肯定心性修养的超越意义，从而为抵御享乐主义、利己主义、虚无主义等提供可能性。我们在这里当然无法展开这一议题，下面仅以"理欲之辨"为例加以说明。

如果以两宋为近世化的起点的话，那么"天理"的成住坏灭便是其中的一条思想史的主线。一开始，以程朱为代表的理学家严格区分天理与人欲，强调"遏人欲而存天理"[2]。到了明代，王阳明（1472~1529）虽然仍严分理欲，但由于良知学对于主体性的挺立，天理已经包含在了主体内部，从而为自然人性论铺平了道路，这种思想发展到晚

---

[1]（美）约翰·罗尔斯：《正义论（修订版）》，何怀宏等译，北京：中国社会科学出版社，2009年，第379页。他认为"分外的道德，即圣者和英雄的道德，并不与正当和正义的规范矛盾"。
[2]黎靖德：《朱子语类》，北京：中华书局，1986年，第2118页。

明时期，便终于捅破了禁欲主义的大门。到了清代戴震（1724~1777）那里，天理被根本否定，下降为"血气之自然"[1]，成了依赖人欲而存在的东西，使得天理与人欲的内在紧张消失了。而到了清末民初时期，由于西学的涌入与革命话语的兴起，反传统成了时代的主调，天理人欲之辨被彻底终结。可以说，理欲之辨标示了近世化思想脉络中的隐秘颠覆。这种"颠覆"与近现代西方世界"基督的退场"如出一辙，都表现为超验世界的萎缩。然而，这不是没有代价的。由于古典时代那种超验事物建构世界观的功能被逐渐削弱，导致了现代人的精神世界的虚无化、世俗化与单向化，人们失去了对超验世界的兴趣，满足于在工具理性的界限内行事，正如德国哲学家马丁·海德格尔（1889~1976）所描述的那样，现代人是无家可归的，他们遗忘了存在。当然不是每个人都有超越的精神需求，但五蕴炽盛、人欲横流之苦却是普遍存在的，尤其是在发达资本主义的刺激下，人的欲望无限膨胀却得不到有效的内在制约。在古典时代，欲望被封闭在潘多拉魔盒中；在现代社会，它们却任意驰骋于人的精神荒漠之上。就此而言，一个现代人必须具备强大的理性能力才能抵御欲望的无限膨胀，然而个体主义与自由主义往往不是遏制而是放纵人的欲望。犹太裔德国哲学家列奥·施特劳斯（1899~1973）曾悲观地指出，现代人已经"忘了人要追求的是品质高贵、出类拔萃和德行完美"。还有学者评论道："现代性最初是要把人提高到神的地位，结果却是把人降低到了动物的地位"[2]。就此而言，现代哲学的一个重要任务是把观念的哲学重新转变为"治疗性"的哲学，传统儒家的"理欲之辨"在五四时代被弃如敝屣，在今天却有着特殊的价值。事实上，理欲之争仍然是广泛发生在现代人心灵内部的战争，而一种自律的艺术对于过度欲望的克制，是赢得这场战争的关键。君子公民内含的道德主体本质上拒绝自我的沉沦，而基于心性修养的功夫则指向了一个"充实而有光辉"的圣贤人格，这足以抵消低级欲望对他的侵蚀。总之，如果没有道德主体的自我约束，就无法建立起任何真正的价值。儒家的精神人文主义及其在道德修养方面的深厚资源可以为治理某些现代病提供途径，而将功夫或精神修炼术引入哲学也为哲学本身的发展开辟了新的场域。

当然，君子道德只是多元价值体系中的一种，"在不可公度地多样化的可能性中，选择的自由居于核心"[3]，上述君子道德的"补充"作用必须是基于自愿选择的结果，要

[1]（清）戴震：《戴震集·与某书》，上海：上海古籍出版社，2009年，第285页。

[2]甘阳：《自然权利与历史：序》，北京：生活·读书·新知三联书店，2016年，第33页。

[3]（英）以赛亚·柏林：《自由论：编者絮语》，胡传胜译，南京：译林出版社，2011年，第3页。

求所有人都成为君子的理由是难以成立的，事实上也是不可能实现的。君子当且仅当在不干涉别人的权利和自由的前提下成其为君子，否则就难逃"道德绑架""伪善"[1]乃至"以理杀人"[2]等责难。道德本质上是主体为自身立法，因而既是自律的，也是律自的。君子公民对自我道德修养的追求是个人化的选择，不能普遍化为对所有人的要求；而君子公民对社会共同善的追求，不仅不能普遍化为每个人的道德要求，还应当按照社会所普遍"同意"的那种价值和程序来进行。

第四节　自我的统一

到目前为止，我们已经肯定了权利优先于善，同时也肯定了美德是值得追求的，但我们不可能在同时奉行两套价值标准的情况下达成自我的统一，因此君子公民的证立，还有赖于道德主体与权利主体的统一性论证。关于这一问题，我们需要返回到先秦儒学与古希腊哲学的比较视域中去。

在古希腊哲学中，道德主体与权利主体、善与权利并不存在我们当下面临的这种严重的分裂。在柏拉图（前427~前347）那里，灵魂内部的和谐和城邦内部的秩序分别诉诸个人的德性和法律，而个人的正义与城邦的正义是统一的，这个统一的基础就是理性，无论是个人的正义还是城邦的正义都要符合人的理性，都要依照理性来安排。亚里士多德（前384~前322）的正义观也包括以个人灵魂的"内在善"为基础的德性正义与基于共同体的"外在善"的政治正义，二者同样统一于人的理性。古希腊的这种观点延续到了近现代，例如，康德（1724~1804）进一步区分了人类理性的两种功能，即认识功能和意志功能，前者称为理论理性，后者称为实践理性，理论理性的法则是自然法则，而实践理性的法则是道德法则。约翰·罗尔斯在处理善与权利的问题时也借鉴了柏拉图等人的思想。罗氏区分了两种道德能力：一种是善观念的能力，另一种是正义感的能力。前者表现为一项合理的生活计划，后者表现为按某种正当原则行为的起调节作用的欲望。[3]一个统一的人格表现为他的计划的一致性，即以符合他的正当和正义感的方式，遵循合理

---

[1]邓晓芒：《儒家伦理新批判》（增订本），北京：文津出版社，2020年，第249页。

[2]（清）戴震：《戴震集·与某书》，上海：上海古籍出版社，2009年，第188页。

[3]（美）约翰·罗尔斯：《正义论》（修订版），何怀宏等译，北京：中国社会科学出版社，2009年，第444页。

选择的原则行事，从而塑造其统一的自我。在约翰·罗尔斯看来，权利设定了限制，善则标明意义所在，两者都是基于人的理性能力。

约翰·罗尔斯的理路对于"君子公民"理论是有借鉴意义的。君子公民的自我统一必须建立在道德意识与权利意识的统一之上。在这里，应该指出，儒家的内圣与外王之分已经隐含了德性正义与政治正义的区分，只是二者之中以内圣为根本，从而使得道德凌驾于权利与理性之上。因此，道德意识过分发达可以说是儒家伦理的特点。牟宗三等人正是基于这一认识，提出了道德主体必须经由"良知坎陷"开出知性主体，从而将理性从道德的笼罩之下解救出来。但对于古希腊哲人而言，道德本就是理性的一种表现，因此不是道德统摄理性，而是理性统摄道德。应该承认，就理性与道德的关系而言，古希腊哲人的认识更为合理，正是先秦儒家的这一根源性"误解"导致了本文开始提出的那种广泛存在于道德与权利之间的张力，而要化解这一张力，就必须回到问题的根源上来。

道德主体和权利主体根源于主体的道德意识与权利意识，而这两种意识又统一于主体内在的理性能力，因为一个没有理性能力的人是不可能具备道德意识与权利意识的。换言之，道德主体与权利主体都是从理性主体这个母体中发展出来的，只有回到理性本身才能实现两个主体的统一。因此问题的关键不是化解两个主体之间的矛盾，而是寻求两个主体的共同根基，如此才能避免"先后论"的机械式安排与"双本体"论的二元困境，将君子与公民、传统与现代、中学与西学融合为一个统一的理论框架。要之，君子公民是道德主体与权利主体的双向互补，以权利主体夯实道德主体之根基，以道德主体发展权利主体之不足，而二者又都根源于人的理性能力。

既然"双向互补"的前提是基于人的理性能力，那么这种理性能力又从何而来？最重要的途径当然是教育。有学者指出，一种融合公民道德与君子道德的全民教育是培育君子公民的关键所在。[1]但我们以为，更重要的工作还在于针对性地培养公民的相关理性能力，这种能力旨在将道德与权利放在一个统一的框架里进行思考，经过"反思的平衡"达成合理化的行为。质言之，培育君子公民的关键在于培养一种致力于化解权利与善的张力的理性慎思。这种理性慎思是基于权利与善的反思平衡做出的：论先后，以权利为先；论高下，以善为高。所谓"权利优先于善"是说，权利是考虑群己问题的基点，我们对善观念的选择应在确定的限定之内做出。所谓"善高于权利"，意味着我们

---

[1] 王苍龙：《"公民式君子"抑或"君子式公民"——重新思考君子与公民》，《天府新论》2018年第1期。

在权利的基础上还要追求共同善。君子公民教育的目的就是培养人们在这一框架之内进行理性抉择的能力，从而发展出能够知是知非的良知主体。由于这个良知主体是从理性主体的母体中孕育出来的，也就不必去首先设定一个"良知本心"作为我们道德哲学的形而上基础，从而也就避开了"坎陷"论的窠臼。

总而言之，君子公民既可以超越道德主义，也可以超越个人主义；既有传统的根基，又兼具现代的性格，是融合现代权利思想与传统美德于一体的新型人格。更重要的是，君子公民也是好公民与好人的统一，其人格建立在法律的基础之上而不仅仅是道德的承诺之下，他们既能够正确行使公民权利，维护和促进社会的共同善，同时又能够通过克己修身追求自身德性的完善。当然，为了避免陷入"完善"论的陷阱，君子公民对"分外道德"的追求必须基于价值多元原则和自愿选择原则。换言之，君子公民是每个人可以达到的目标，而不是每个人应该达到的目标。君子公民存在一个延长的序列，起点是公民，终点才是君子公民，每个人都可以在这个序列上有所造诣。当代中国一方面应继续强化和发展公民文化和公民德性，如平等、法治、契约精神、权利、参与等，以之为培育现代中国公民素质的核心基底；另一方面，应辅之以儒家德性伦理，如仁、义、礼、智、信、忠、恕等，使之融入建构具有中国特色、符合中国国情的公民文化中，发挥其把中国人塑造成为君子公民的关键作用。

第六章　君子人格与家国情怀

❦ 阅读提示 ❦

家国情怀作为我们祖先探索家与国的关系、建立必要社会秩序的思想文化成果，在中华文明跨越艰难险阻跋涉向前的漫长征途中，一直是催人奋进担当的美好情愫和宝贵精神。家国情怀也是培育和塑造君子人格的重要内涵。家国情怀绝不是君子可有可无的点缀或附属物，而是不可或缺的必备素质。我们要学做君子，应该了解家国情怀的内涵，使自己具有家国情怀。以君子人格为主干的君子文化，必然包括对家庭和国家认同与热爱的家国情怀，这样才能在新时代中国特色社会主义建设发展中发挥更大的作用、谱写新的历史华章。

在中国文化系统里，家国情怀是个人对家庭和国家共同体的认同与热爱，是爱国主义精神产生的伦理基础和情感状态，是历代中华儿女共同推崇的君子人格的重要素质和显著标识。家国情怀作为中国人一种根深蒂固的思想情感和价值观念，萌发生长于中国古代氏族血缘宗法制度和家国同构的社会组织架构之中，突出体现和彰显在中华儿女共同推崇的人格范式即君子人格身上。下面从发生学角度探讨家国情怀的历史渊源及萌生滋长的必然性，考察家国情怀对君子人格形成的内在价值和独特意义。

第一节　家国情怀的历史渊源

古代中国自西周时代起，已经形成等级森严的氏族宗法制度。"氏族"本身是一种血亲组织，在汉语系统里，氏有"根"及"根源"之意，转义为姓氏。[1]在英语词汇

---

[1]（宋）郑樵《通志·氏族略序》："三代以前，姓氏分而为二，男子称氏，妇人称姓。"

中，"氏族"的对应词为"clan"，古意为生育，引申为社会最原始的血缘集团。一个氏族通常有几十至百余人，由同一男姓始祖或女性始祖几代亲戚及配偶组成。几个血缘较近的氏族构成胞族，若干相互通婚的氏族和胞族形成部落。每个部落为了更好地生产劳动和生存发展，包括面对抢夺地盘和获取资源等引起的战争，彼此邻近的部落为了避免势单力薄，又互相联合组成部落联盟，由此逐步具备早期邦国或诸侯国的雏形。由于早期国家（邦国、诸侯国）的形成天生烙有氏族血缘色彩的印记，这既为西周氏族宗法制度的确立奠定了社会基础，也使以血亲关系为纽带的嫡长子继承制和主事权的宗法制度成为历史选择。王国维《殷周制度论》说："周人嫡庶之制，本为天子、诸侯继统法而设，复以此制通之大夫以下，则不为君统而为宗统，于是宗法生焉。"[1]这种氏族宗法制度是血缘关系与政治关系、权利义务与责任担当的高度融合。所谓封建分封制，即主要是以父系家族关系的亲疏来决定土地、财产和政治地位的分配与继承，而"分封异姓时，也必以婚姻联系起来，使之成为姻娅甥舅的关系，这依然是以血统为统治组成的骨干"。[2]如此把血缘纽带同政治权益紧密挂钩，不仅构成中国传统社会组织形态的基本特征，也是搭建社会政治架构的重要梁柱。

世界各地区各民族的发展，都共同经历过以血缘纽带为支撑的氏族社会阶段。但处于不同地理环境和不同文化圈的诸民族，在其后的演进历程中却选择了不同的发展形态和道路。古希腊、古罗马由于置身海洋型地理环境，人员流动频繁，商品交换形成规模，原始性的集体协作生产逐步被家庭个体生产所代替，因而逐渐挣脱以血缘纽带为依托的氏族社会和宗法组织的束缚，形成以地域和财产关系为基础的城邦社会组织，步入氏族制解体以后的文明社会发展历程。与此不同，中华民族由于栖息于辽阔而肥沃的东亚大陆沃土之上，主要以定居方式从事农业生产，人员迁徙相对较少，商品生产和流通规模有限，因而在相当程度上保存了以血缘关系为纽带的家族组合式的乡社形式，通过发展以小农经济为基础的农业社会，带着氏族社会的胎记踏上文明社会发展道路。由于中国进入文明社会时不是剪断而是保留了氏族制的"脐带"，氏族血缘宗法制的产生实乃自然而又必然之事，因为它既孕育于社会历史母体的胎盘之中，又适应了维护社会秩序和发展的需要。

商周以至春秋时期，所谓邦、国及"八百诸侯"，等等，实际是由血缘宗法遗风

[1]王国维：《殷周制度论》，《观堂集林》（卷十），北京：中华书局，1959年，第51页。
[2]徐复观：《两汉思想史》（第一卷），上海：华东师范大学出版社，2001年，第12页。

为基础的氏族—部落—部族国家构成。商王朝便"以国为姓"[1]，殷墟甲骨文记载的奴隶，多半冠以族名。周王朝更是直接以氏族血缘纽带实行国家统治，周天子自称是天帝的长子，是姬姓家族的"大宗"，天下的"共主"，其王位由嫡长子继承，次子以下封为诸侯，是周天子的"小宗"。诸侯在自己的封国内又是"大宗"，由嫡长子继承，次子以下封为卿大夫，是诸侯的"小宗"。如此次第循环，整个社会在某种意义上构成一个血缘宗法等级的天罗地网，使父子、兄弟、夫妇等不仅具有个体家庭成员的"私人"关系，而且要遵守一种"公共"的政治秩序和社会规范。这既造成人们对家庭、家族、宗族及其人伦关系和血缘温情的高度重视，也促使人们形成爱家、爱乡、爱国情感交织的民族心理，从源头上为中国社会发展植入了伦理与政治交叉重叠的密切关系。由这种氏族血缘宗法制所决定，殷周社会实际推行的是政治与道德互为表里的治理模式。正如王国维所说："古之所谓国家者，非徒政治之枢机，亦道德之枢机也。使天子、诸侯、大夫、士各奉其制度、典礼，以亲亲、尊尊、贤贤，明男女之别于上，而民风化于下，此之谓治；反是，则谓之乱。是故，天子、诸侯、卿、大夫、士者，民之表也；制度、典礼者，道德之器也。周人为政之精髓，实存于此。"[2]孔子多次声明"吾从周"（《论语·八佾》），他所创立和推行的儒家思想，实际上是以"周礼"为核心的一套人伦观念和礼义道德。这套观念和道德，在《礼记》里被简要归纳为"五止十义"。"五止"即：为人君，止于仁；为人臣，止于敬；为人子，止于孝；为人父，止于慈；与国人交，止于信（《礼记·大学》）。"十义"即：父慈、子孝，兄良、弟悌，夫义、妇听，长惠、幼顺，君仁、臣忠（《礼记·礼运》）。这里以君臣、父子的关系为主干，又以臣、子的责任或义务为重点，"忠君"思想与"孝亲"意识，既紧密联系，又相互为用。就此而言，朝廷的为臣之道与家庭的为子之道，分为异途，实为一理。

与此同时，"家国同构"或者说"家国一体"的观念于夏商周时期逐渐深入人心。以血缘亲情为本位的家庭或家族组织结构及管理办法，与夏王朝开启的"家天下"[3]王位世袭政治架构及国家（邦国）治理模式，不论在组织结构还是传承方式上，两者都有明显的可比性和相似性。诚如孔子所言：

[1]（汉）司马迁：《史记·殷本纪》，北京：中华书局，1959年，第109页。
[2]王国维：《殷周制度论》，《观堂集林》（卷十），北京：中华书局，1959年，第54页。
[3]家天下，指君王把国家政权据为己有，当作一家的私产，世代相袭。当年，华夏部落联盟首领禹将王位传给儿子启，开始了"父传子，家天下"的王位继承制。

君子之事亲孝，故忠可移于君。事兄悌，故顺可移于长。居家理，故治可移于官。（《孝经》：君子侍奉父母能尽孝道，所以可把它移用到对君主的尽忠上；侍奉兄长能尽悌道，所以可把它移用到对长者和上级的顺从上；在家做事有条有理，所以可把它移用到对政务的处理上）

孟子说得更明白：

天下之本在国，国之本在家，家之本在身。（《孟子·离娄上》：天下的根本在于国，国的根本在于家，家的根本在于个人）

这种"家"与"国"在组织结构和传承方式上的共通性，使"家是最小的国，国是千万个家""父为家之君，君为民之父"等思想理念，被中国社会各阶层人士广泛接受和认同。因此，我们的先人很早就将家与国的治理看作是"隔行不隔理"的同一回事。

《左传》桓公二年（前710年）晋国大夫师服有言：

吾闻国家之立也，本大而末小，是以能固。故天子建国，诸侯立家，卿置侧室，大夫有贰宗，士有隶子弟，庶人、工、商各有分亲，皆有等衰。是以民服事其上，而下无觊觎。（所以天子建立国，诸侯建立家，卿设置侧室，大夫拥有贰宗，士人有隶属的子弟，普通人、工匠、商人，各自有分支的亲属，都按照等级逐渐递减。这样老百姓才能服从、侍奉他的上级，而处于下面等级的人不会窥伺上面的地位）

这段话虽然主要描述春秋早期邦国社会的主从等级秩序，表明上下尊卑之异，但也透溢出血缘亲情之和，传达了家与国紧密关联、相辅相成的重要史实。在这种"天子建国，诸侯立家，卿置侧室"等级分封的社会结构里，国事中对君主之"忠"与居家时对父母之"孝"水乳交融般融合在一起，使政治领域里的"尊尊"与宗法领域里的"亲亲"很大程度上相互调和以至交互重叠。《大学》云："所谓治国必先齐其家者，其家不可教，而能教人者，无之。故君子不出家而成教于国。孝者，所以事君也；弟者，所以事长也；慈者，所以使众也。"（《礼记·大学》）梁启超也说："吾中国社会之组织，以家族为单位，不以个人为单位，所谓家齐而后国治是也。周代宗法之制，在今日其形式虽废，其精神犹存也。"[1]在中国人的思想观念里，家与国的联系并非"无机体"部分与整体如沙粒与沙丘的关系，而是"有机体"如人体的微小局部与身体整体的关系，两者既息息相关不可分割，又命运相牵荣辱与共。中华民族数千年发展史告诉我们：一方面，民为邦本、民富国强，家兴可以影响国运；另一方面，国泰民安、国破家亡，国运常常决定家势。这种"小之定也必恃大，大之安也必恃小"（《吕氏春秋·谕大》）的家国同构认识，长期延续和积淀下来，成为我们中华民族一种稳固的文化理念和心理结构。

家国情怀作为个人对家庭和国家共同体一种认同与热爱的深厚情感，其萌生滋长的肥沃土壤和适宜气候，正是家国同构的社会形态、生活方式和民族文化心理结构。也就是说，在家国同构的社会现实原野上，自然且必然地要生长并绽放出家国情怀的花朵。作为爱国主义精神产生的伦理基础和情感状态，家国情怀的核心内涵是在家尽孝，为国尽忠；实践途径是修己安人，济世经邦；价值理想是以身报国，建功立业。要想达到此境界，关键在于家与国、民与君要做到良性互动：从为官一方的地方官员到统领国邦的最高君王，其爱民如子，既是尽"父母官"的责任也是尽家长的义务，而民尊君（官）如父，则既是对君之忠也是对父之孝。孔子曰："君子笃于亲，则民兴于仁"（《论语·泰伯》）；有子说："君子务本，本立而道生。孝悌也者，其为仁之本与！"（《论语·学而》）这表明要想"天下归仁焉"，取得治国安民的为政佳绩，要点是从做人的最根本处"孝悌"两字做起。在很大程度上可以说，为仁的基础在血缘亲情之中，而治国之道则是对治家之道血缘亲情的放大。对此，《大学》里的"八条目"说得最清晰明白：

> 古之欲明明德于天下者，先治其国；欲治其国者，先齐其家；欲齐其家者，先修其身；欲修其身者，先正其心；欲正其心者，先诚其意；欲诚其意者，先致其知。致知在格物。物格而后知至，知至而后意诚，意诚而后心正，心正而后身修，身修而后家齐，家齐而后国治，国治而后天下平。

这段家喻户晓的名言，不仅为历代弘毅有为之士指明"修身齐家治国平天下"的进步阶梯和人生目标，而且将个人修养、家庭治理和为国立功纳入联动递进的滚动链条

---

[1]梁启超：《新大陆游记（四十）》，《饮冰室合集·专集之四》，北京：中华书局，1989年，第121页。

和演进轨道。一个人要想立德于天下，就要博施济众，为治理国家建功立业；而要想治国有方为国效劳，必须严于治家，整顿好自己的家庭和家族；而管理好家庭和家族，则应从修养自身做起，在格物致知、正心诚意上下功夫。家国情怀的产生和弘扬，正是千千万万仁人志士沿着这条人生道路开拓前行而迸发出的精神礼花，也是激励历代中华儿女为国为民拼搏奋斗的情感基础和内在力量。

总之，萌生于商周时期的家国情怀，建立在人的自然情感基础之上，从父慈子孝、兄友弟恭到心怀天下、报效国家，把以血缘关系为纽带的天然亲情推己及人并由家及国，拓展和上升为关心社会、积极济世的责任意识和伦理要求，有力促进了个人、家庭与社会、国家的正向互动和良性发展。家国情怀作为中华优秀传统文化的重要精华，高扬对家庭和国家共同体的认同关心、维护热爱和奉献担当精神，数千年来如春风化雨，浸润和滋养了中华儿女的情感与心灵，激励无数杰出人物创造彪炳史册的丰功伟业，对中国人的文化心理和民族精神产生了巨大而深刻的影响。

第二节　家国情怀的主体建构

家国情怀作为一种思想情感和价值取向，必然有其承载、践行和张扬的主体。尽管各类不同人群都可能或多或少、这样那样地与家国情怀相联系，但从总体上看，早期家国情怀更多地体现和彰显在先秦时期的"君子"身上。家国情怀的萌生与君子人格的确立，两者实际上是事物的一体两面：家国情怀的孕育和生长依赖具有君子品格的主体，而君子人格的充盈和完善则以家国情怀为重要内涵。家国情怀在古老中国的精神原野上破土而出及抽穗灌浆之时，正是先秦君子那遥远身影走出地平线而逐步迈向历史舞台中央之际。这一点，简略梳理君子概念内涵衍变及君子人格确立的过程，即可了然。

"君子"一词最初的意义泛指贵族，包括君王及臣僚，并不具有道德的意蕴。《尚书·周书·无逸》周公谓："呜呼！君子所，其无逸。先知稼穑之艰难，乃逸，则知小人之依。"周公告诫成王说：君王居其位，就不该贪图安逸。如果他先知道了稼穑的艰辛，再去享受安逸的生活，就可以知晓底层百姓的疾苦。在这里，君子指君主、君王，是上层"无逸"之人，小人是下层"稼穑"之人。君子与小人这种社会阶层差异，是当时社会较为普遍的认识。如鲁襄公九年晋国大夫知武子曰："君子劳心，小人劳力，先王之制也。"（《左传·襄公九年》）君子主要做"劳心"之事，小人主要干"劳力"

之事，这被认为天经地义。

伴随着历史从西周向春秋演进，"君子"一词不仅使用频率陡然增加，而且意义变得丰赡复杂。譬如，《诗经》中就有多处提到"君子"，主要指四类不同人群：

（一）天子、君主、诸侯，如《小雅·巧言》和《大雅·旱麓》指周文王，《大雅·假乐》指周成王，《卫风·淇奥》指卫武公，《小雅·采菽》指诸侯等共11篇。

（二）贵族、官员、富人、主人，如《周南·关雎》《王风·君子阳阳》《魏风·伐檀》《唐风·扬之水》《秦风·终南》《小雅·鹿鸣》《小雅·君子有酒》《大雅·桑柔》《大雅·云汉》等共34篇。

（三）情人、丈夫，如《周南·汝坟》《召南·草虫》《邶风·雄雉》《王风·君子于役》《秦风·东邻》《小雅·菁菁者莪》等共14篇。

（四）有才德的人，仅在《小雅》中有《节南山》《巷伯》《鼓钟》《青蝇》共4篇。[1]

导致"君子"含义扩展变化的原因，一方面由于时代发展推动人们的认识不断深入细化，另一方面则在于《诗经》歌吟对象众多、对社会生活的反映面更加广阔。"君子"一词在《诗经》里，虽然多数情况下还是指具有贵族及上层身份的人，但有时也用来寄寓和表达对才德之士的崇敬与爱戴之情。由君王贵族而扩展为崇敬爱戴者，权位及政治身份的含义有所淡化模糊，情感和价值评价的成分有所增加抬升，这就为"君子"一词担负包括家国情怀在内的更多文化道德蕴涵，预示和勾勒了可开垦、可拓展的蓝图与路径。

紧随《尚书》《诗经》之后，进一步丰富"君子"概念意蕴并对其外延做出较大扩展者，当属《左传》。作为一部编年体史书，《左传》载录东周前叶200余年历史，其中"君子"一词出现180多次，除一些表示贵族身份和不少借"君子曰"口吻发表对史事的评说外，多半用来传达某种社会人生理想，或用以称赞当时贤德之人。[2]

用"君子"概念表达某种人生理想和行为规范，这在《左传》中出现20多次。鲁桓公五年，郑庄公曰："君子不欲多上人，况敢陵天子乎！"（《左传·桓公五年》）意思是说，君子不愿凌驾于别人之上，岂能冒犯冲撞天子，意在说明君子乃尊礼守法之人。鲁文公十五年，鲁国季文子曰："君子之不虐幼贱，畏于天也。"（《左传·文公

---

[1] 池水涌，赵宗来：《孔子之前的"君子"内涵》，《延边大学学报》（哲学社会科学版）1999年第1期。

[2] 过常宝：《原史文化及文献研究》（修订本），中国社会科学出版社，2016年，第201页。

十五年》）意思是君子敬畏天道，从来不虐待幼小和贫贱之人，表明君子不欺凌弱小而善待众人。鲁襄公二十五年，大叔文子曰："君子之行，思其终也，思其复也。"（《左传·襄公二十五年》）强调君子做事不仅要考虑最终的结果，还要考虑以后重复做而无违碍，表明君子应循道而行，慎始而敬终。鲁襄公三十一年，北宫文子曰："故君子在位可畏，施舍可爱，进退可度，周旋可则，容止可观，作事可法，德行可象，声气可乐，动作有文，言语有章，以临其下，谓之有威仪也"（《左传·襄公三十一年》）意思是君子在官位上可以使人敬畏，施舍可以使人喜爱，进退可以作为法度，揖让可以作为准则，举止可以让人观瞻，行事可以让人效法，德行可以让人学习，声音气度可以让人欢乐，行为有修养，言语有文采，以这些条件来对待下面的人，就叫作有威仪。这也是用君子来阐发礼义道德和行为准则。至于鲁昭公元年子产曰："侨闻之，君子有四时：朝以听政，昼以访问，夕以修令，夜以安身。"（《左传·昭公元年》）则显然是借君子来申说谋事行政应遵循四时节律和规矩。

用"君子"称赞和评价当时贤明人物，在《左传》中有30余处。鲁僖公十五年，晋惠公被秦国所俘，晋臣对秦穆公叙述国内情况时说："小人戚，谓之不免；君子恕，以为必归。"（《左传·僖公十五年》）此处"君子"明显指晋国有见解、识大体的贵族，与贵族中目光短浅的"小人"相区别。鲁昭公元年，晋侯听郑国子产一番话后，称他为"博物君子"（《左传·昭公元年》）。鲁昭公八年，叔向称赞师旷"君子之言，信而有征，故怨远于其身"（《左传·昭公八年》）。鲁襄公二十九年，季札到卫国，对卫国蘧伯玉、史狗、史鳅、公子荆、公叔发等臣僚的才干和情怀颇为欣赏，便说："卫多君子，未有患也。"（《左传·襄公二十九年》）如此等等的"君子"，基本都是对有见识、有情怀、有才干、讲礼仪之人的一种称呼。虽然这些称呼几乎都是针对特定人或特定人群的具体评价，却明显关乎礼仪修养等内容，隐含一定的情感态度和道德倾向，带有对类似的人品和修养赞赏、宣扬、提倡的意味。

如果说，商周时期的文献如《尚书》《诗经》《左传》《国语》等，对"君子"概念的使用及内涵界定，虽然零星涉及对优良人品道德的评价，但多半仍是用以指代君王、贵族、臣僚之类的人物，那么到了春秋末期，记载孔子言行和思想的《论语》则超越王侯贵族等"有位者"的意脉，赋予了"君子"一词更多"有德者"的内蕴，淬炼和锻造出儒家君子人格的基本品格与大体形貌。这就是说，"君子"一词从主要表示身份地位的概念到逐渐获得道德品质的丰厚内涵，尽管并非始于孔子，其间有一个漫长的发酵酝酿的过程，但这个过程却完成或者说集成于孔子之手。《论语》原文不到一万六千字，有107处使用"君子"一词。在《论语》里，虽然有些地方仍然相沿成习地保留着标示身份地位的含义，如"君子之德风，小人之德草，草上之风，必偃"（《论语·颜渊》），此处"君子"与"小人"两个词就突出对"位"的区分，并且其所言之"德"也与"道德"之意颇有差异；但就整体而言，孔子及其弟子所主要关注和探寻的，无疑更多的是对"君子"概念的内涵加以改造和充实，对王公贵族所具有或应有的道德优点择善而从，并推而广之，扩大为社会应普遍遵循的伦理规范和要求，以解决如何做人，即如何培育和塑造崇德守礼之人的根本问题。正如冯友兰所说，孔子一辈子思考的问题很广泛，其中最根本最突出的即是对如何"做人"的思考。[1]这种思考和探讨的结果，就是把"君子"作为一种典范和模型，为解决如何做人乃至如何构建礼义之邦的难题，树立起可供对照和看齐的人格坐标。《论语》所谈论的问题非常宽泛，但核心要点就是为商周延续和传承下来的君子形象重新铸魂塑形、强身健体，使其成为既可敬可佩又可学可行的做人标杆，为锤炼和打造中国人的民族性格与精神内核注入优良基因、培育品格气质。君子作为历代中华儿女广泛认同和推崇的人格范式，受孕和化育于中华文化初露晨曦的商周时代，却在儒家学派开山之作《论语》的胎盘中长成雏形并分娩于世，这是孔子对中华文化做出的杰出贡献。

这一贡献之重要，以至可以用它来诠释、归纳、定义儒学的丰富内涵和标识特质。海外著名学者余英时认为："儒学具有修己和治人的两个方面，而这两个方面又是无法截然分开的。但无论是修己还是治人，儒学都以'君子的理想'为其枢纽的观念：修己即所以成为'君子'，治人则必须先成为'君子'。从这一角度来看，儒学事实上便是'君子之学'。"[2]国内学者孔德立也指出："孔子认为，社会秩序的好坏取决于人们的文化教养程度。文化教养的表现就是内心之德与外在之行的统一，具有这种文化教养的人即为'文质彬彬'的君子。从这个意义上说，儒学是君子之学。儒学的社会价值就是先培育尽可能多的君子，再通过君子的言行与修为引领社会风尚。"[3]20世纪初，担任北京大学教授的辜鸿铭曾断言："孔子的全部哲学体系和道德教诲可以归纳为一句话，即'君子之道'。"[4]这些关于儒学事实上就是"君子之学"或"君子之道"的观点，既是

[1]冯友兰：《中国哲学史新编》（第一册），北京：人民出版社，1982年，第124~172页。
[2]余英时：《儒家"君子"的理想》，《中国思想传统的现代诠释》，南京：江苏人民出版社，1989年，第160页。
[3]孔德立：《儒学是君子之学》，《光明日报》2015年2月2日第16版。
[4]辜鸿铭：《中国人的精神》，海口：海南出版社，1996年，第50页。

从内涵实质上对儒家学说思想所做出的颇有价值的概括和归纳，也是对孔子所改造和翻新的君子形象及其人格特征的高度肯定和推崇。

第三节　家国情怀与君子人格

孔子对自己精心设计和翻新的君子形象十分钟爱，对其与社会各色人等的距离和高度等，曾颇费匠心地从不同角度进行测量和定位。一方面，他反复说"君子喻于义，小人喻于利"（《论语·里仁》），"君子坦荡荡，小人长戚戚"（《论语·述而》），"君子和而不同，小人同而不和"（《论语·子路》），"君子求诸己，小人求诸人"（《论语·卫灵公》），等等，在多视角多层次的对照比较中，确立君子的内在情操和外在形貌，划定君子与小人的楚河汉界；另一方面，他对弟子称他为"圣人"颇为不满，表示"若圣与仁，则吾岂敢"，并强调"圣人，吾不得而见之矣；得见君子者，斯可矣"（《论语·述而》）。这又表明孔子心目中的君子，远非难以寻觅、高不可攀的圣人，而是理想又现实、尊贵又亲切、高尚又平凡的人格形象，是可以引导大家力学笃行、行稳致远，乃至行成功满的人生航标和灯塔。

《论语》对"君子"内涵的透视和阐释，大到怎样治国安邦，小至如何待人接物，都从不同方面进行了简明扼要却又周详细致的解说，涉及人生理想、生活态度、尊礼崇道、砺学修身、气节风骨、慎独操守、进退出处、怡情养性等众多领域。这是一部乃至几部大书的内容，当然无法广涉博猎，只能围绕和紧扣主题，对君子的家国情怀略作梳理和叙述。

关于君子的家国情怀，《论语》里较为直接、明确的表述，是孔子与子路的一段对话：

> 子路问君子。子曰："修己以敬。"曰："如斯而已乎？"曰："修己以安人。"曰："如斯而已乎？"曰："修己以安百姓。修己以安百姓，尧、舜其犹病诸！"（《论语·宪问》）

子路一再追问如何成为君子，孔子给出的回答是"修己以敬""修己以安人""修己以安百姓"。这层层推进和扩展的答案告诉我们：要想成为君子，绝非只是提高自身修养，以严肃恭敬的态度做好自身之事就可大功告成，而是要通过自己的努力和作为，不仅使家族及周边的人安居乐业，还要给天下百姓带来安宁和快乐。由此可见，家国情怀绝不是君子可有可无的点缀或附属物，而是不可或缺的必备素质。孔子屡次申说"君子谋道不谋食"（《论语·卫灵公》）、"君子忧道不忧贫"（《论语·卫灵公》）、"君子学以致其道"（《论语·子张》）、"士不可以不弘毅，任重而道远"（《论语·泰伯》），等等，都是强调君子要有超越小我、心怀天下的责任担当和建构。这与《大学》所言"修身、齐家、治国、平天下"的人生追求一样，都是对君子家国情怀的精到阐释。而判断一件事是否符合"道义"，家国情怀之浓淡有无，无疑是不可或缺的重要参照系。

孔子不仅坐而论道，而且躬行实践。他生逢礼崩乐坏的乱世，很想以自己的一套济世方略来匡救时弊，从55岁到68岁整整14年，席不暇暖，周游列国，陈说政见，却四处碰壁。他面对长沮、桀溺"滔滔者天下皆是也，而谁以易之"的讽刺，怅然回应道："鸟兽不可与同群，吾非斯人之徒与而谁与？天下有道，丘不与易也。"（《论语·微子》）透过这融理于情的深沉喟叹之声，一个饱含家国情怀，勇于担当，志在救世的君子形象跃然眼前。儒家为什么不赞成出世隐逸，鼓励入世作为，认为"君子之仕也，行其义也"（《论语·微子》）乃重要原因。孔子屡遭挫折，也一度想遁迹江湖："子欲居九夷。或曰：'陋，如之何？'子曰：'君子居之，何陋之有！'"（《论语·子罕》）孔子想到未开化的九夷去居住，面对有人问"那里太落后，怎么能住呢"？他回答得很干脆："有君子去那里住，就不闭塞落后了！"孟子曾解读说："君子所过者化，所存者神，上下与天地同流，岂曰小补之哉？"（《孟子·尽心上》）这是说君子无论居住何处，都能成风化人，发挥感染与教化作用，改变当地愚昧落后的风俗及面貌，其积极救世的精神和作用令人敬仰。

孔子虽胸怀济世之志，但遍访明主而不得，晚年回到鲁国，专心整理典籍，致力于教育。他修订《诗》《书》《礼》《易》等古代文献，把鲁国史官所作《春秋》加以重新编修，以一个士子的独特方式弘道济世。孟子对此曾评价道："世衰道微，邪说暴行有作，臣弑其君者有之，子弑其父者有之。孔子惧，作《春秋》。《春秋》，天子之事也。是故孔子曰：'知我者，其惟《春秋》乎！罪我者，其惟《春秋》乎！'……昔者禹抑洪水，而天下平；周公兼夷狄、驱猛兽，而百姓宁；孔子成《春秋》，而乱臣贼子惧。"（《孟子·滕文公下》）孟子认为孔子删定《春秋》意义非凡，作用与大禹治理洪水、周公兼并夷狄一样，是在"世衰道微，邪说暴行有作"的岁月救偏补弊，诊治世道人心的丰功伟业。孔子孜孜以求编撰《春秋》，寓褒贬于叙事之中，以"春秋笔法"

裁决天下，为天下端正礼义秩序和价值标准订立一定之规，其意义不仅超越整理典籍和编修历史本身，更凸显了"君子动而世为天下道，行而世为天下法，言而世为天下则"（《礼记·中庸》：君子的言语行动能世世代代成为天下共行的道理，君子的所作所为能世世代代成为天下遵循的法度，君子的言谈话语能世世代代成为天下必守的准则）的家国情怀。

人非圣贤，孰能无过？孔子对人的评价，注重细节，更看重大节，是否具有家国情怀、是否有益于国家民族的发展，是他臧否人物首先考虑的问题。《论语》里有三段对管子不同的议论：

子曰："管仲之器小哉！"或曰："管仲俭乎？"曰："管氏有三归，官事不摄，焉得俭？""然则管仲知礼乎？"曰："邦君树塞门，管氏亦树塞门；邦君为两君之好，有反坫，管氏亦有反坫。管氏而知礼，孰不知礼？"（《论语·八佾》：孔子说："管仲的器量太小啦！"有人问："管仲节俭吗？"孔子说："管仲有三处豪华的公馆，他手下的人从不兼职，怎么能称得上节俭呢？""那么管仲懂礼仪吗？"孔子说："国君在宫门前立了一道影壁，管仲也在自家门口立了影壁；国君设宴招待别国君主、举行友好会见时，在堂上设有放置空酒杯的土台，管仲宴客也就有这样的土台。如果说管仲知礼，那还有谁不知礼呢？"）

子路曰："桓公杀公子纠，召忽死之，管仲不死。曰：未仁乎？"子曰："桓公九合诸侯，不以兵车，管仲之力也。如其仁！如其仁！"（《论语·宪问》：子路道问："齐桓公杀了他哥哥公子纠，召忽自杀殉节，管仲却没有自杀。如此说来，管仲算不得有仁德吧？"孔子道："齐桓公多次主持诸侯间的盟会，没有使用武力而制止了战争，这都是管仲的力量啊！这就是他的仁德了！这就是他的仁德了！"）

子贡曰："管仲非仁者与？桓公杀公子纠，不能死，又相之。"子曰："管仲相桓公，霸诸侯，一匡天下，民到于今受其赐。微管仲，吾其被发左衽矣。岂若匹夫匹妇之为谅也，自经于沟渎而莫之知也。"（《论语·宪问》：子贡问："管仲不是仁人吧？齐桓公杀了公子纠，他不能以死相殉，反又去辅佐齐桓公。"孔子说："管仲辅佐齐桓公，称霸诸侯，匡正天下一切，人民到现在还受到他的好处。如果没有管仲，我们大概都会披散着头发，衣襟向左边开了。难道他要像普通男女那样守着小节小信，在山沟中上吊自杀而没有人知道吗？"）

孔子一方面批评管子器量小、不节俭、不知礼，另一方面又盛赞他"仁"。如何看待此矛盾？孔子从不轻易以"仁"许人，除了说过颜回"三月不违仁"之外，未尝肯定他的任何弟子真正做到了仁，可见在他眼里"仁"是一个很高的做人标准。然而，尽管孔子认为管仲有很多毛病，也承认子路、子贡质疑管仲背叛公子纠是对君不忠，却为什么仍然接连称赞他"如其仁！如其仁"？究其原因，在于"管仲相桓公，霸诸侯，一匡天下，民到于今受其赐"。管子辅佐齐桓公成就一代霸业，并非凭借战争，没有以牺牲人民生命为代价，并且维护了国家统一，匡正了天下秩序，避免了礼乐文化的衰落，人民至今感念他的好处。这突出表明，孔子评衡人物之高下，虽然往往也注重小处、小节，但准星和标准却定在大义、大节上，其着眼点和落脚点多是国家利益、民众福祉。

进而言之，孔子儒学的核心概念"仁"与"礼"，虽然必须依靠"克己""自省"的修养功夫来获得，即所谓"为仁由己""君子求诸己"，等等；但为仁和守礼的宗旨却并非只是自身的完善，其目的还是"修己以安百姓""博施于民而能济众"，所以孔子强调："夫仁者，己欲立而立人，己欲达而达人。"（《论语·雍也》）

就此而言，仁与礼既是做人、成人、立人的君子修身之道，也是齐家、治国、平天下的通达之途。孔子说："《书》云：'孝乎惟孝，友于兄弟，施于有政。'是亦为政，奚其为为政？"（《论语·为政》：《书》说："孝是什么？所谓孝就是友爱兄弟，并推孝而及国政。"这也是治国理政，此外什么是治国理政呢？）依孝而推展到家、国、天下，这既是家国情怀的表现，也是为政之要津。孔子对治国安邦的看法，或者说他对政治的理解，就是"政者，正也。子帅以正，孰敢不正？"因为"子欲善而民善矣！"（《论语·颜渊》）从这里，我们看到的仍然是以氏族血缘关系为基础的家国同构社会历史现实，对意识形态及国家治理模式构想的影响。孔子为什么一再说"孝"是政治的根本，正因为孝悌或者说伦常在很大程度上就是政治伦理，起码是政治深层结构中不可忽视的关键环节。

如果说，由孔子悉心雕塑的君子人格以自强不息、厚德载物为核心内涵，在数千年历史发展中已成为中华民族千锤百炼的人格基因或集体人格；那么，家国情怀作为我们祖先探索家与国的关系、建立必要社会秩序的思想文化成果，则在中华文明跨越艰难险阻跋涉向前的漫长征途上，一直是催人奋进担当的美好情愫和宝贵精神。当代中国社会，虽然家与国的形态及关系与悠远的古代相比已有沧海桑田之变，但家是最小的国、国是千万个家的基本结构仍然存在；以家庭血缘关系为基点、以国家利益为核心的家国情怀，也在中华民族伟大复兴旗帜的感召下，焕发出勃勃生机和强大生命力。站在新的历史方位上，面对前所未有的广泛而深刻的社会变革，让以君子人格为主干的君子文化，包括对家庭和国家认同与热爱的家国情怀，在新时代中国特色社会主义建设发展中发挥更大的作用、谱写新的历史华章，乃是时代赋予我们的使命与责任。

第七章　君子人格与仁道担当

🌸 阅读提示 🌸

　　儒家君子"仁以为己任"，把仁道、道义担当作为自己的人生使命。他们反复探究、品味仁道担当的价值所在、乐趣所指，构建了多面、立体的担当境界，包含了乐心至善的自我担当、同仁和悦的人际担当、天下归仁的社会担当、爱物成物的自然担当四重意蕴。

　　君子人格注重仁道担当，或称道义担当。孔子观象取譬，《论语》中出现了诸多与"君子"相关的文化意象，如"松柏""瑚琏""山水""日月"等，以松柏之操象征君子的超越精神，以瑚琏之器象征君子的经世意识，以山水之乐代表君子的境界追求，以日月之食代表君子的自新品质。[1]而这一切都与君子人格、道义担当有关。儒家君子"仁以为己任"（《论语·泰伯》），把仁道、道义担当作为自己的人生使命。他们反复探究、品味仁道担当的价值所在、乐趣所指，构建了多面、立体的担当境界，包含了自我担当、人际担当、社会担当、自然担当四重意蕴。

第一节　乐心至善的自我担当境界

　　儒家的道义担当紧扣"心"，担当主体由心出发，自觉抉择、积极行动，最终追求的成仁理想也是围绕仁心融汇了真、善、美、乐的境界。

一、自足不忧，仁心为乐

---

[1]许宁：《〈论语〉君子人格的文化意象》，《东岳论丛》2022年第9期。

孔子说自己"七十而从心所欲，不逾矩"（《论语·为政》），这是他人生追求最完美的自由阶段。这样的自由正是心的自由境界，是人心与仁心浑然一体的状态，呈现在行动上，就是一切随心、一切合仁。对追求仁道的儒家君子来说，随心之行即可合仁，这正是人生追求的大乐。

儒学中与此相关的还有"孔颜之乐"。孔子曰："饭疏食，饮水，曲肱（gōng，手臂）而枕之，乐亦在其中矣。不义而富且贵，于我如浮云。"（《论语·述而》）他对颜回的评价是："贤哉回也！一箪食，一瓢饮，在陋巷，人不堪其忧，回也不改其乐。贤哉，回也！"（《论语·雍也》）这两处"乐"合称孔颜之乐，宋代儒家君子高度关注这一话题。朱熹谈颜回之乐时说："程子谓：'将这身来放在万物中一例看，大小大快活！'又谓：'人于天地间并无窒碍，大小大快活！'此便是颜子乐处。这道理在天地间，须是直穷到底，至纤至悉，十分透彻，无有不尽，则于万物为一无所窒碍，胸中泰然，岂有不乐！"[1]这里说颜回之乐时，实是描绘了他仁心内外通透的情形。天地间无物可以成为仁心流转的阻碍，不是无物窒碍，而是仁心透彻到无物可阻，这显然是能够超越一切外在束缚的自由状态，是儒家君子所求的成仁之大乐。

解读孔颜之乐离不开孔子思想的其他内容，因为其中涉及饮食富贵的问题，所以人们常常结合以下内容：

> 子曰："富与贵，是人之所欲也；不以其道得之，不处也。贫与贱，是人之所恶也；不以其道得之，不去也。君子去仁，恶（wū）乎成名？君子无终食之间违仁，造次必于是，颠沛必于是。"（《论语·里仁》）

> 子贡曰："贫而无谄，富而无骄，何如？"子曰："可也；未若贫而乐，富而好礼者也。"（《论语·学而》）

> 子曰："君子谋道不谋食。耕也，馁在其中矣；学也，禄在其中矣。君子忧道不忧贫。"（《论语·卫灵公》）

> 子曰："道不同，不相为谋。"亦各从其志也。故曰："富贵如可求，虽执鞭之士，吾亦为之。如不可求，从吾所好。"（《史记·列传·伯夷列传》）

专家学者讨论孔颜之乐是从孔子的整体思想中谈，离不开对上述内容的分析。

---

[1]（宋）黎靖德：《朱子语类》，北京：中华书局，1986年，第795~796页。

例如，钱穆（1895~1990）在评判颜回之乐时说："乐从好来。寻其所好，斯得其所乐"[1]。其重心就在上述的孔子"从吾所好"，结合孔子说过的"知之者不如好之者，好之者不如乐之者"（《论语·雍也》），钱穆是将乐与好相连。李泽厚说"它高于任何物质生活和境遇本身，超乎富贵贫贱之上"[2]，这揭示了乐对贫富贵贱的层次性超越。林安梧说颜回："是以一无执著的方式，让自己在没有挂搭的情况之下，长养他自己的胸襟与志气。"[3]在不得已的贫贱生活境遇中，颜回凭借自己的方式实现了自己胸襟与志气的超然挺立，也是基于对贫贱富贵的超越。陈来则将重心放在"仁"与"乐"的关系上，认为"仁可以包括乐，但乐却无法包容仁"[4]，指出不能把精神愉悦之乐当作人精神追求的唯一目的。杨泽波突出强调道德之乐，认为"道德之乐不是直接得到的，必须经过转化才能得到，为了成就道德必须予以付出和牺牲"[5]，要把付出和牺牲进行转化，才能转苦成乐。可以说，钱穆重在谈"好"，李泽厚与林安梧重在凸显乐对"富贵贫贱"的超越，陈来和杨泽波重视"仁""道"对乐的统摄。总之，对孔颜之乐提出见解的专家学者还有很多，他们注重超出"苦"（"忧"）与"乐"简单对立的层面进行诠释，将孔子与颜回的乐处解读为超越人欲苦楚、趋向成仁自由的个人成长之乐；解读为超越现实物质束缚、进入仁道理想追求的大乐。也就是说，孔颜之乐是走向自由与理想的、超越性的大乐，以大乐化小苦，由此成就君子的理想心境。

孟子认为"反身而诚，乐莫大焉"（《孟子·尽心上》），乐在自身，乐在自心。他还提出："心之所同然者何也？谓理也，义也。圣人先得我心之所同然耳。故理义之悦我心，犹刍豢之悦我口。"（《孟子·告子上》）孟子用人之口喜好美食作比，说明人之心喜好理义的自然而然。这是对孔子"仁者不忧"（《论语·子罕》）的续写，仁者不是无忧，而是所忧唯道，即"君子忧道不忧贫"，一旦仁存于心，也就满足了"仁者不忧"的条件，是仁者之乐。仁心自足之乐是儒家君子内圣追求的重要内容。

---

[1] 钱穆：《论语新解》，北京：生活·读书·新知三联书店，2002年，第175页。

[2] 李泽厚：《论语今读》，北京：中华书局，2015年，第134页。

[3] 林安梧：《问心：我读孟子》，北京：商务印书馆，2016年，第109页。

[4] 陈来：《宋明理学》，北京：北京大学出版社，2020年，第256页。

[5] 杨泽波：《"诡谲的即"与孔颜乐处》，《中山大学学报》（社会科学版），2010年第2期。

二、由微而显，止于至善

仁心自足外显为各种层次的理想境界。以孟子为例，他说："可欲之谓善，有诸己之谓信。充实之谓美，充实而有光辉之谓大，大而化之之谓圣，圣而不可知之之谓神"（《孟子·尽心下》），这是求"真"、成"善"、含"乐"、蕴"美"的理想境界。"可欲之谓善"，即善与欲相连。在孟子的思想体系中，这是指求仁的心念之发动，即善的人性的发动。这一念虽很弱小，却已经是仁心之端的开始，也就是自知、自觉的开始，这与孔子的"我欲仁，斯仁至矣"（《论语·述而》）是一致的。"有诸己之谓信"表明，仁心已然不是最初的微小之"端"，已然成为自己所拥有之德。孔子说"为仁由己"、孟子强调"君子欲其自得之也"（《孟子·离娄下》），都是在说君子求仁道，倚重的是自己，是希望仁道与自己有更牢固、更深入的联系，能够在内心与外物之间达到无所阻碍的融通状态。"充实之谓美"是说继续充实仁心就可以到"美"的阶段，是自觉其美的状态，也就是说，在这个阶段仁心已经能够照亮自己的内心世界，那么再进一步让仁心的光辉照亮自己之外的世界，就达到了比自觉其"美"更高的"大"的阶段，即"充实而有光辉之谓大"，这时仁心的光辉已经能够遍照内外。"大而化之之谓圣"是到达了圣人教化的阶段，唯有自身成长到能够发出光辉的"大"的阶段，才能有教化之力，能够造出教化之功；而润物无声的化育，也就是只见其功却难寻其迹的"神"的状态。儒家这里所指的"神"不是人格神意义的神，也不是比"圣"更高的阶段，而是与"圣"形成互相诠释的状态，是强调圣人高妙的教化过程和宏大的教化功绩，一如荀子所说的"不见其事，而见其功，夫是之谓神"（《荀子·天论》）。

可见，孟子所说的"欲—善—信—美—大—圣—神"的过程，正是仁心之端由微而显、不断扩充的过程。孟子还将"圣"者进行了区分，说："伯夷，圣之清者也；伊尹，圣之任者也；柳下惠，圣之和者也；孔子，圣之时者也。孔子之谓集大成。集大成也者，金声而玉振之也。"（《孟子·万章下》）他认为，伯夷、伊尹、柳下惠都是有所偏颇的圣人，孔子方才体现出智圣结合、德才兼备的完美圣境。这些境界体现在具体的儒家君子身上，也表现为不同的状态，如北宋周敦颐所说，即"士希贤，贤希圣，圣希天"（《通书·志学》），此外还有君子、豪杰、大丈夫等。从气质表现上，又可以分为两类，即刚毅勇健、和悦从容。儒家对理想境界、理想人格的反复探讨与描绘，都离不开仁心的扩充、仁乐的互动，呈现出儒家君子向上向善的自我追求之美。

第二节　同仁和悦的人我担当境界

仁者仁心外显之后，就是孟子所说的"亲亲而仁民，仁民而爱物"（《孟子·尽心上》）。孟子所说的恻隐之心首先表现在亲亲，然后体现为仁民，即先有老吾老、幼吾幼，然后能老人之老、幼人之幼。

一、同群尚中，以和为美

儒家注重人与禽兽之别，认为人能同群，而在同群的人与人之间儒家还追求实现仁心流动，而不是恶意流传，"中"与"和"就是儒家君子亲亲、仁民的理想状态。

传统儒家天人合一的思维模式以中、和为最佳状态，主张天地人的和谐，经过主体的积极努力，达到天与人的德性之合。如《周易》所言："保合太和，乃利贞"（《易经·乾·彖传》：保全太和元气，以利于守持正固等待来年生长）；如《中庸》所说："喜怒哀乐之未发，谓之中；发而皆中节，谓之和。中也者，天下之大本也；和也者，天下之达道也。致中和，天地位焉，万物育焉。"（《礼记·中庸》）可见，中和不离。传统儒家的五伦，即父子、君臣、夫妇、兄弟、朋友关系，是相互关爱的过程，也就是仁心交互的过程。具体来说，父对子要慈，子对父要孝，慈与孝缺一不可、相辅相成，二者叠加才是中和之态，其他几对关系也是类似的状况。用马克思主义理论来分析，中和状态即是矛盾的双方处于和谐稳定的状态，相互依存、共同发展。

作为美德，孔子说："中庸之为德也，其至矣乎！民鲜能久矣。"（《论语·雍也》）化于行动，中行的实质是无过无不及的恰到好处。过与不及都不合中行，但是在现实中能够做到中行是非常艰难的，因而孔子建议："不得中行而与之，必也狂狷乎！狂者进取，狷者有所不为也。"（《论语·子路》）没有完美的中行之人可以同群，那就退而求其次，选择有所作为一端的狂者，或有所不为一端的狷者。从行动的目的上看，则是"己欲立而立人，己欲达而达人"（《论语·雍也》），是"修己以安人""修己以安百姓"（《论语·宪问》），最终达到"老者安之、朋友信之、少者怀之"（《论语·公冶长》）的情形。在情感表达上，则是温柔敦厚，如孔子所说："《诗》三百，一言以蔽之，曰'思无邪'。"（《论语·为政》）他还说："《关雎》，乐而不淫，哀而不伤。"（《论语·八佾》）圣人不是排斥正常的情感，恰恰相反，是要有节制地实现情感恰到好处的表达。

中华民族崇尚中、和的价值取向，在这一点上专家学者基本达成了共识。陈来所指的中华文明价值观念的四个基本特点之一即为"和谐高于冲突"，他指出："对'和'的追求也成为中国文化思想的普遍理想，塑造了中华文明的思维方式、价值取向。"[1]

二、和而不同，爱恶相别

儒家重视"和"，并不是无原则的，而是区别于"同"，主张："君子和而不同，小人同而不和。"（《论语·子路》）"和"与"同"看似相近，实则会产生正好相反的结果，即"夫和实生物，同则不继。以他平他谓之和，故能丰长而物归之；若以同裨同，尽乃弃矣"（《国语·郑语》）。也就是说，和则有利，同则无益。

"和"还有真伪之别，小人之和是伪"和"，看似"和"而实非"和"，孔子称之为乡愿（乡原），即现在所说的好好先生，他说："乡原，德之贼也。"（《论语·阳货》）面对子贡提出的"乡人皆好之"和"乡人皆恶之"两种情形，孔子评判说，这两种情形都不如"乡人之善者好之，其不善者恶之"（《论语·子路》）。这就突出地体现了孔子的爱憎分明，同时还表明孔子不是简单地以外在的、泛泛的好与恶作为判断标准，而是把判断的标准从外在的现象层面放置于内在的价值层面，坚持获得乡人中善者的支持，同时接受恶者的反对。其中包含了孔子价值立场的两个支点，一是为善去恶，二是重民利民。

这一原则化用到为政的行动层面，则是孔子应对哀公"何为则民服"的疑问时所说的"举直错诸枉，则民服；举枉错诸直，则民不服"（《论语·为政》）。句中"直"指正直无私的人，"枉"则指邪恶不正的人。"举"，选拔重用；"错"，通"措"，放置一旁。就是说，把正直无私的人提拔起来，把邪恶不正的人置于一旁，老百姓就会服从（统治）了；把邪恶不正的人提拔起来，把正直无私的人置于一旁，老百姓就不会服从（统治）了。也就是说，为政必须坚守为善去恶和重民利民两大原则。

孟子对孔子的乡愿观念也做了进一步的阐释，请看《孟子·尽心下》所记载的他与万章的一段对话：

（万章）曰："何如斯可谓之乡原矣？"（孟子）曰："何以是嘤嘤也？言不顾行，行不顾言，则曰：'古之人，古之人。行何为踽踽凉凉？生斯世

---

[1]陈来：《中华文明的核心价值：国学流变与传统价值》，北京：生活·读书·新知三联书店，2015年，第56页。

也，为斯世也，善斯可矣。'阉然媚于世也者，是乡原也。"万章曰："一乡皆称原人焉，无所往而不为原人，孔子以为德之贼，何哉？"曰："非之无举也，刺之无刺也；同乎流俗，合乎污世；居之似忠信，行之似廉洁；众皆悦之，自以为是，而不可与入尧舜之道，故曰'德之贼'也。孔子曰：'恶似而非者：恶莠，恐其乱苗也；恶佞，恐其乱义也；恶利口，恐其乱信也；恶郑声，恐其乱乐也；恶紫，恐其乱朱也；恶乡原，恐其乱德也。'"（《孟子·尽心下》）

引文中"嘐嘐（xiāo）"，意为立志宏大；"踽踽（jǔ）凉凉"，指落落寡合；"恶"，均读（wù）。孟子指出乡愿"阉然媚于世"的特点，即遮遮掩掩，为声名利益而无原则地取悦于世人，他们没有鲜明的、内在于己的价值立场，只为从外在的样貌上体现出类似忠信廉洁的表象，没有内在的善恶准绳，也没有为民之心，但是因为其言行有很大的迷惑性，所以容易蛊惑人、欺骗人，这对于真正的忠信廉洁是一种伤害。孔子对"讼"的看法也体现了他的态度与价值立场。孔子说："听讼，吾犹人也。必也使无讼乎。"（《论语·颜渊》）这里有两个关键性的字，一个是"听"，一个是"无"："听"是孔子辨别是非正误的过程，是他对事实本身的尊重；"无"则是孔子的好恶判断与呈现，是他追求最终的人与人之"和"的价值目标。

可以说，传统儒家君子的中、和思想体现出他们有破有立、层次丰富、仁心相通、和悦中正的成人之美。

第三节 天下归仁的大我担当境界

庄子在《逍遥游》中列举了四个层次的理想人格，首先是"知效一官，行比一乡，德合一君，而征一国者"，然后是宋荣子，能够"举世而誉之而不加劝，举世而非之而不加沮，定乎内外之分，辩乎荣辱之境"，其后是列子，可以"御风而行，泠然善也，旬有五日而后反"，最后是最高境界，可以"乘天地之正，而御六气之辩，以游无穷者"，即至人、神人、圣人。第一个层次是世俗的层次，即儒家所谓"外王"的境界；宋荣子能够超越世俗荣辱的束缚，有自己内在的评价标准；列子拥有更加自由的境界，但还是处于"有所待"的状态；最高境界是获得彻底的自由，是无所待的境界。可见，庄子的最高理想是无所牵绊的彻底自由状态，这代表了道家的追求。

儒家所追求的与道家恰恰相反，儒家君子的理想是有牵绊的，而且是与家国天下紧密相连的大牵绊，追求"天下归仁""天下有道"，追求宋代张载所说的："为天地立心，为生民立命，为往圣继绝学，为万世开太平。"[1]即：为天地确立起生生之心，为百姓指明一条共同遵循的大道，继承孔子、孟子等以往的圣人不传的学问，为天下后世开辟永久太平的基业。

一、进德修业，舍小成大

孔子认为："君子进德修业。忠信，所以进德也，修辞立其诚，所以居业也"（《周易·乾·文言》）。王阳明突出强调了这一观点，提出："君子之事，进德修业而已。……故德业之外无他事功矣。"[2]儒家把进德修业的最高追求称为"三不朽"："太上有立德，其次有立功，其次有立言。虽久不废，此之谓不朽"（《春秋左传·襄公二十四年》），定义了儒家君子的前进方向。立言和立功都属于修业，既要立言传承仁道，又要在仕途上建功立业，前者是仁道在思想理念上的文化传承，后者是在生活世界中的现实发展。

孔子认为，君子个人的进退不是一己之私的事情，而是与邦国命运紧密相系的。他说："邦有道，贫且贱焉，耻也；邦无道，富且贵焉，耻也"（《论语·泰伯》）；"邦有道，谷；邦无道，谷，耻也"（《论语·宪问》）。谷，这里的意思是做官领取俸禄。这一与国家命运共进退的价值取向成为儒家君子重要的精神品质，并影响了中华民族的精神样貌，促成了"位卑未敢忘忧国""苟利国家生死以，岂因祸福避趋之"等令人动容的儒家情怀。

为能成大德、立大业，儒家君子可以舍弃浴沂风雩的惬意忘我，也可以牺牲小我小家的温暖舒适，用奉献和牺牲构筑天下大同的理想境界。"天下归仁"或者"天下有道"，无论用哪一种表述，描述的都是理想的国家、天下之美。

二、内圣外王，博施广济

儒家君子追求的完美状态是内圣外王的双重体现，在无法两全的情况下，他们退而

---

[1]（宋）张载：《张载集》，北京：中华书局，1978年，第376页。
[2]（明）王守仁：《王阳明全集》，上海：上海古籍出版社，2011年，1058页。

求其次的选择是内圣高于外王。孟子的"天爵""人爵"观点阐释的正是这样的道理："有天爵者，有人爵者。仁义忠信，乐善不倦，此天爵也；公卿大夫，此人爵也。古之人修其天爵，而人爵从之。今之人修其天爵，以要人爵；既得人爵，而弃其天爵，则惑之甚者也，终亦必亡而已矣"（《孟子·告子上》：有上天赐予的爵位，有俗世认可的爵位。仁义忠信，好善不疲，这是上天赐予的爵位；公卿大夫，这是俗世认可的爵位。古代的人修养上天赐予的爵位，俗世认可的爵位也就跟着来了。现在的人修养上天赐予的爵位，为的是追求俗世认可的爵位；若已经得到俗世认可的爵位，便放弃上天赐予的爵位，真是糊涂透顶了，到头来连俗世认可的爵位也会丢掉的）。孟子一向主张立其大者，在这一问题上，他认为古人修天爵是抓住了根本，仁义忠信一旦确立，公卿大夫之功也就随之而来了；今人颠倒本末，难免得不偿失。董仲舒说："不由其道而胜，不如由其道而败，《春秋》贵之，将以变习俗而成王化也。"（《春秋繁露·俞序》）遵循仁道才是取舍的唯一标准，胜败得失的外显是次要的，只有内圣才能支撑起变易风俗、成就王道的使命。可见，内圣才是根本，是确保外王的基础。

儒家内圣追求仁义忠信，以"仁""智""勇"为三达德，当然，这些道德并不是抽象的，而是以追求仁道实现为根本。世间的祸、福、得、丧、利、害等，都不能动摇儒家君子对内圣的追求，如朱熹所说："人若有气魄，方做得事成，于世间祸福得丧利害方敌得去，不被他恐动。若无气魄，便做人衰飒愞怯，于世间祸福利害易得恐动。"[1]传统的儒家知识分子常常有类似的情怀，注重内在德性的修养。有了内在德性的支撑，就有了笃定之气、刚毅之风，宋代儒家君子将内圣境界推向了巅峰，产生了"醇儒"。

当然，所有指向内圣的修养都随时做好了服务外王的准备。孔子曾说："《书》云：'孝乎惟孝，友于兄弟，施于有政。'是亦为政，奚其为政？"（《论语·为政》）这并不是说孔子希望自己的人生仅限于家中对父母尽孝和对兄弟友爱，而是要把孝敬与友爱之风影响到为政，他认为这也是为政，并不是说只有做官才算为政。这样，日常生活中经营亲情的能力和达到的效果都成了为政的一部分，或者为其打好了基础。换句话说，孔子的一言一行最终都以实现外王为目标。儒家君子的追求莫不如此，其不同只在于是不是有外在之势可以实现外王：如果没有，那就如宋儒一样呈现出内圣为主

---

[1]（宋）黎靖德：《朱子语类》，北京：中华书局，1986年，第1243页。

的状态，"政治的清明只是君主、士大夫身心安宁与生命境界提升的附属品"[1]；如果有，那就如近代一般，涌现出经天纬地、建功立业的英雄和豪杰。

无论是内圣还是外王，其内在都蕴含了儒家朴素的民本思想。子贡曾经发问，说："如有博施于民而能济众，何如？可谓仁乎？"（《论语·雍也》）孔子回答："何事于仁，必也圣乎！尧舜其犹病诸！"（《论语·雍也》）孔子曾屡屡赞叹尧舜的盛德伟业，但在这则对话里，孔子说博施民广济众的行为达到了超乎仁的圣的境界，是尧舜也难以做到的。同类观点还有孔子所说的"修己以敬。……修己以安人。……修己以安百姓"（《论语·宪问》）。这一朴素的民本思想与《尚书》中的"民惟邦本，本固邦宁"的价值判断是一致的，后来也体现在历代儒家君子的作品中，明君贤臣无不以此为执政之依据。其中，荀子的舟、水之喻广为人知，即："君者，舟也；庶人者，水也。水则载舟，水则覆舟。"（《荀子·王制》）

传统儒家追求大同世界。"大道之行也，天下为公。选贤与能，讲信修睦。故人不独亲其亲，不独子其子，使老有所终，壮有所用，幼有所长，矜、寡、孤、独、废疾者皆有所养，男有分，女有归。货恶其弃于地也，不必藏于己；力恶其不出于身也，不必为己。是故谋闭而不兴，盗窃乱贼而不作，故外户而不闭，是谓大同。"（《礼记·礼运》）这里描述的平等、互助、和乐的场景，是一种超越现实的理想境界，代表着儒家对社会的最高追求。在当时，也是对不平等的、人与人之间紧张防备状态的思想反抗。

传统儒家君子虽然有"为天地立心，为生民立命，为往圣继绝学，为万世开太平"的美好理想，但是在现实中却只能坚守个人的道德担当，他们常常站在统治集团之外或者边缘，热切地阐述自己的治国理政理念，难免会产生"知其不可而为之"的无奈与悲壮，尽管如此，千百年来他们还是因自己的言说与德行合乎仁道而乐此不疲。

第四节　爱物成物的物我担当境界

儒家君子的仁心与天地万物相接即表现为爱物，这是亲亲、仁民之后的又一个阶段。虽然从逻辑顺序上次于亲亲、仁民，但也能体现出儒家君子的仁道担当。尤其在宋明之后，爱物成物在儒家君子的追求中得到越来越多的关注。

[1]朱汉民，杨超：《王夫之对宋儒"寻孔颜乐处"的反思与发展》，《社会科学》，2020年第9期。

一、仁心接物，同情爱物

传统文献中关于孔子爱物的记载主要是："丘闻之，刳胎杀夭，则麒麟不至其郊；竭泽而渔，则蛟龙不处其渊；覆巢破卵，则凤凰不翔其邑。何则？君子违伤其类者也。鸟兽之于不义，尚知避之，况于人乎"（《孔子家语·困誓》：我听说，如果对牲畜有剖腹取胎的残忍行为，那么麒麟就不会来到这个国家的郊外；如果有竭泽而渔的行为，蛟龙就不会在这个国家的水中居住；捅破了鸟巢打破了鸟卵，凤凰就不会在这个国家的上空飞翔。为什么呢？这是因为君子也害怕受到同样的伤害啊！鸟兽对于不仁义的事尚且知道躲避，何况是人呢）！西汉的刘向（前77年~前6年）在他的作品中也记载："君问于雍季，雍季对曰：'焚林而田，得兽虽多，而明年无复也；干泽而渔，得鱼虽多，而明年无复也。诈犹可以偷利，而后无报。'"（《说苑·权谋》）两则记录蕴含了孔子爱物的重要原则，即尊重并运用客观的自然规律。天地万物的生长变化有客观的规律，人类如果无节制地打破规律，失去的不仅仅是越来越多的自然界中珍贵的物品，更重要的是会丧失自己未来的物质依托，是自取灭亡，用今天的话语来表述就是不符合可持续发展的要求。

从情感上看，在儒家的仁爱次序排列中，爱物在亲亲和仁民之后，孟子曾说"君子之于物也，爱之而弗仁"（《孟子·尽心上》），认为爱物谈不上仁，这种情形在后来得到改善。到宋、明时期，张载的"民，吾同胞，物，吾与也"（《西铭》："物吾与也"，意为万物都是我的朋友）和王阳明的"仁人之心，以天地万物为一体，欣合和畅，原无间隔"[1]等，可以称为"成物之仁"。不过，内外亲疏的区分是一直存在的。如孟子在《离娄上》中提出的仁义礼智之"实"的一系列观点，朱熹在注释时就进行了自己的解读，他说："须是理会得个'实'字，方晓得此章意思。这实字便是对'华'字。且如爱亲、仁民、爱物，无非仁也，但是爱亲乃是切近而真实者，乃是仁最先发去处；于仁民、爱物，乃远而大了。义之实亦然。"他还说："亲亲，仁也；仁民、爱物，亦仁也。事亲是实，仁民、爱物乃华也。"[2]朱熹把"华"引入论证中，将"实"与"华"对举，指出爱亲是仁最为重要的内涵，由此最为重要之"实"才有相对次要的仁民、爱物之华。他还屡屡指出应当更重视仁民，而不是爱物，还以水为喻，提出"仁如

---

[1]（明）王守仁：《王阳明全集》，上海：上海古籍出版社，2011年，第216页。

[2]（宋）黎靖德：《朱子语类》，北京：中华书局，1986年，第1333页。

水之源，孝弟是水流底第一坎，仁民是第二坎，爱物则三坎也"[1]。

从现实效果来看，朱熹提出了两点：一则，他认为，人与人同类相亲，所以在仁的推广过程中，从仁心出发更容易做到亲亲和仁民，相对而言，做到爱物难度较大；二则，他强调能够遵循仁心由内而外、由亲至疏的次第，就容易实现仁，反之就会招致祸患，造成"不仁之祸"[2]。

二、物我相融，浑然忘我

朱熹曾列举了一系列典故，例如周镰溪的不除去自家窗前草、张载的听驴鸣、程子的观鸡雏[3]等，再如朱熹诗作"等闲识得东风面，万紫千红总是春"中的识东风面、王阳明的观花观草等，都是物我相融的经典事件，是体悟仁的重要路径。

体现物我相融、浑然忘我的典型是《论语·先进》中孔子与四位弟子的一组对话：

> 子路、曾皙、冉有、公西华侍坐。子曰："以吾一日长乎尔，毋吾以也。居则曰：'不吾知也！'如或知尔，则何以哉？"子路率尔而对曰："千乘之国，摄乎大国之间，加之以师旅，因之以饥馑；由也为之，比及三年，可使有勇，且知方也。"夫子哂之。"求！尔何如？"对曰："方六七十，如五六十，求也为之，比及三年，可使足民。如其礼乐，以俟君子。""赤！尔何如？"对曰："非曰能之，愿学焉。宗庙之事，如会同，端章甫，愿为小相焉。""点！尔何如？"鼓瑟希，铿尔，舍瑟而作，对曰："异乎三子者之撰。"子曰："何伤乎？亦各言其志也！"曰："莫（暮）春者，春服既成。冠者五六人，童子六七人，浴乎沂，风乎舞雩，咏而归。"夫子喟然叹曰："吾与点也！"（《论语·先进》）

这一典故被称为"浴沂风雩"之乐。其中，孔子最为赞赏的是曾皙的境界，呈现为人在自然环境中且咏且舞的场景，是人与物相交相融的、既乐且美的境界。《易传》中也主张人与天地、日月、四时相合，说："夫'大人'者，与天地合其德，与日月合其明，与四时合其序，与鬼神合其吉凶。"（《易经·乾·文言》）看起来是描绘人与自然万事万物相合的，但是儒家从来不会仅仅停留在这个阶段。

---

[1]（宋）黎靖德：《朱子语类》，北京：中华书局，1986年，第463页。

[2]（宋）朱熹：《四书章句集注》，长沙：岳麓书社，2008年，第500页。

[3]（宋）黎靖德：《朱子语类》，北京：中华书局，1986年，第2477~2478页。

儒家君子对家国天下的担当是永远解不开的价值纽结。正如钱穆所说："道不行，其事可伤可叹，亦非浴沂风雩之可解。"[1]深入到上述两个情境之中可知，孔子还曾评价说："宗庙会同，非诸侯而何？赤也为之小，孰能为之大？"（《论语·先进》）祭祀和外交，一内一外，均为大事，孔子慨叹，能够担当起这样重任的人，如何能够称其小？能与天地合德、与日月合明、与四时合序、与鬼神合吉凶的，正是人，而且是"大人"，这里突出的并不是天地、日月、四时、鬼神之大，恰恰是有价值能力、价值目标的人。可见，儒家君子追求的高点总是要指向群体之大。

第五节　结语

儒家君子构筑的担当境界的内容涵养了他们对自身、对他人、对家国天下、对自然之物一力担当的宏大理想，充盈了"风声雨声读书声声声入耳，家事国事天下事事事关心"的担当胸怀，塑造了一个个敢于担当、乐于担当的君子典范，铺陈了一代代仁人志士的担当文化底蕴。儒家君子担当境界的精髓在于构筑了"有我"与"无我"的辩证统一，"有我"旨在"无我"，"无我"方能"有我"：一方面，"有我"是指儒者关注自我修养、追求成为君子的自我担当，而自我成就的意义恰恰在于撑起向外担当，意在成就他人、成就外物、成就天下；另一方面，只有把力量用到对他人、对家国天下、对自然之物的倾力担当上，做到"无我"，才是成就自我、成为君子的大道。

作为新时代的君子，必须树立担当意识。因为没有担当意识和担当精神，无论过去还是现在，都是不可能成为君子的。首先，要继承古代君子担当精神的精华，在乐心至善的自我担当、同仁和悦的人际担当、天下归仁的社会担当、爱物成物的自然担当等各个层面加强自身修养，在需要的时候，挺身而出，勇于担当，敢于负责。其次，了解担当精神的时代意义，明确自身应有的责任，把自己融入时代发展的洪流之中，与国家、人民同呼吸共命运，共同实现中华民族的伟大复兴。

---

[1]钱穆：《孔子传》，北京：九州出版社，2011年，第20页。

第八章 君子人格与树人体系

🌸 阅读提示 🌸

中华民族在数千年历史演进过程中，历来重视立德树人，构建形成了自己等差有序的理想人格体系。中国古代传统理想人格的塑造，凸显出取法乎上、追求至高至善的理想色彩，同时给出效行相宜的可行性方案。君子人格经孔子悉心改造和重塑后广受认同与推崇，成为历代中华儿女立身行事效法的人格标杆。君子人格的内涵可以简括为"修己"与"安人"两个方面，前者侧重"内圣"之学，后者偏向"外王"之道。君子人格及君子文化是我们践行社会主义核心价值观，培育时代新人，能够活态嫁接的老树新枝，必将在新时代的神州大地上郁郁葱葱，呈现蔚为壮观的繁茂景象。

中国传统哲学乃至整个传统文化的重点，是探讨人生观和价值观的问题。人生观和价值观的核心是如何立德树人，即理想人格的培育和塑造。中华民族在数千年历史演进过程中，历来重视立德树人，构建形成了自己的理想人格体系，其中尤以君子人格受到普遍推崇，成为历代中华儿女立身行事效法的人格标杆。中国传统的树人体系，特别是君子人格的形成与发展，不仅是一种积淀丰厚、影响深远的历史文化现象，更凸显了中华优秀传统文化的价值取向和精神追求，对我们今天培育时代新人、塑造完善人格具有可贵的启示意义。

第一节 取法乎上：中国传统树人体系的建构

中国传统"树人"思想，早在先秦诸子著述中已屡见不鲜，其中管子的论述尤为简洁鲜明。《管子·权修》云："一年之计，莫如树谷；十年之计，莫如树木；终身之计，莫如树人。一树一获者，谷也；一树十获者，木也；一树百获者，人也。"管子提出的"树人"理念，充分说明人才的重要性，表明"为天下兴利除害"必须任用贤才，"争天下者，必先争人"（《管子·霸言》）；同时也提醒我们，培养人才十分不易，应为长远计，久久为功。

中国古代早期的树人实践，或者说中国传统最初的理想人格塑造，最早可追溯到上古的尧舜时代。《尚书·尧典》开篇就对尧帝这位"道德圣王"进行了近乎完美的描绘："曰若稽古，帝尧，曰放勋。钦明文思安安，允恭克让，光被四表，格于上下。克明俊德。以亲九族。九族既睦，平章百姓。百姓昭明，协和万邦。"这是说尧帝办事恭敬，明察四方，他经天纬地，深谋远虑。对人谦和恭谨，能够选贤任能，其善行光照天地，闻名四方。他德才兼备，敦睦九族，安顺百姓，能够协和万邦，使万民安居乐业和睦相处。如此赞誉是否言过其实，是否带有理想化的夸饰成分，当然可以存疑，但在先秦历史文献里，对尧舜等上古帝王的褒扬之词可谓不胜枚举。

《国语·郑语》载史伯的话说：

> 夫成天地之大功者，其子孙未尝不章，虞、夏、商、周是也。虞幕能听协风，以成乐物生者也。夏禹能单平水土，以品处庶类者也。商契能和合五教，以保于百姓者也。周弃能播殖百谷蔬，以衣食民人者也。（凡是成就天地完成大功业的人，他的子孙后代没有不显耀的，虞、夏、商、周都是这样。虞幕能用耳朵判断和风的声音，因此能很好地促成万物生长。夏禹能治理水土，使万物生长各得其所。商契能整合协调五教，以此来教养安抚百姓。周弃能播种百谷、蔬菜，供给百姓衣食）

从这段话可以明显看出，虞、夏、商、周的朝代兴替，实际上与主政者的德行功业密切相关，对圣贤之人的推崇之意溢于言表。孔子也多次称赞周公，说他"为政以德，譬如北辰，居其所而众星共之"（《论语·为政》），强调"吾从周"（《论语·八佾》）、"梦见周公"（《论语·述而》），等等，都是其推崇周公之道的明证。至春秋末期，先秦史官及诸子对上古帝王多半予以不同程度的理想化，常常称之为"大人""圣人"，形成尧、舜、禹、汤、文、武、周公等系列形象。

孔子的弟子对孔子非常敬仰，说孔子也是难以超越的圣人。宰我曰："以予观于夫子，贤于尧舜远矣"（《孟子·公孙丑上》）。子贡更是将孔子比喻为无法企及的日月："他人之贤者，丘陵也，犹可逾也；仲尼，日月也，无得而逾焉"（《论语·子张》）。孟子也将孔子与尧、舜、禹、商汤、周文王相提并论，说："由尧舜至于汤，五百有余岁；若禹、皋陶，则见而知之；若汤，则闻而知之。由汤至于文王，五百有余岁，若伊尹、莱朱，则见而知之；若文王，则闻而知之。由文王至于孔子，五百有余岁，若太公望、散宜生，则见而知之；若孔子，则闻而知之。由孔子而来至于今，百有余岁，去圣人之世若此其未远也，近圣人之居若此其甚也"（《孟子·尽心下》）。孟子不仅把孔子与上古帝王等量齐观，称之为"圣人"，还将他与伯夷、伊尹、柳下惠等隐逸贤达进行比较，说："伯夷，圣之清者也；伊尹，圣之任者也；柳下惠，圣之和者也；孔子，圣之时者也。孔子之谓集大成。集大成也者，金声而玉振之也"（《孟子·万章下》）。这里既肯定孔子是圣人中能够顺应时变的俊杰（"圣之时者也"），又标举他是汇聚诸多圣贤美好品格于一身的"集大成者"，对中国传统人格的构建产生了深广影响。由此，古代圣贤形象序列于尧、舜、禹、汤、文、武、周公之后，孔子接踵跻身其中。随着汉代赵岐把孟子奉为"亚圣"，以及唐代韩愈认定孟轲才是孔学衣钵的正宗嫡传，并将他与孔子并称为"孔孟"，古代圣贤形象的队伍也在时代延伸中逐步扩充延长。

中国古代对传统理想人格的塑造，凸显出取法乎上、追求至高至善的理想色彩。为什么如此？原因是中国人的人生修为和精神追求，不像西方人依赖基督教"耶稣"、阿拉伯人依赖伊斯兰教"真主"的启示，更多的以"出乎其类，拔乎其萃"的理想人格代表为引领和榜样。

从西周时代起，中国人就呈现宗教意识淡薄，"重人轻神"的特点。孔子对商周时期的天命鬼神观念虽然基本信从，没有直接否定，却将其束之高阁，不予探究。

> 子不语怪、力、乱、神。（《论语·述而》）
>
> 樊迟问知，子曰："务民之义，敬鬼神而远之，可谓知矣。"（《论语·雍也》）
>
> 季路问事鬼神，子曰："未能事人，焉能事鬼？"曰："敢问死。"曰："未知生，焉知死？"（《论语·先进》）

孔子对鬼神是否存在以及人死后的冥冥世界，皆无意关注和深究，如庄子所言："六合之外，圣人存而不论"（《庄子·齐物论》）。孔子所关心和谈论的主要是对现实人世间事务的思考，即"子所雅言，诗、书、执礼，皆雅言也"（《论语·述而》）。朱熹注曰："雅，常也。执，守也。诗以理情性，书以道政事，礼以谨节文，皆切于日用之实，故常言之。"中国文化这种不脱离伦常日用来探寻社会治理方案的本质特征和逻辑理路，自然且必然地走向树立至高至善的理想人格，以使"为政者"或"为民者"皆前有目标，学有榜样。这既是社会发展"顺人伦、明教化"的需要，也是中国历史上不乏"捧圣""造神"现象的原因所在。

春秋战国时期兴起的百家争鸣，诞生了奠定中华文化根基和框架的先秦诸子学术。诸子之学，虽有司马谈"六家"之说（《史记·太史公自序》），亦有刘歆、班固的"九家十流"之议（《汉书·艺文志》），实则较有影响者不过儒、道、墨三家。西汉末东汉初，印度佛教传入中国并逐步融入中华传统文化，我们于儒家、道家、墨家之外又有了释家（佛教）。从高标高举、取法乎上的人生境界看，儒者崇"圣"，道者求"仙"，释者敬"佛"，墨者尚"侠"。不过，这些理想人格是儒、道、释、墨各自追求的最高人生目标和人生境界，虽可以高山仰止，却难以景行行止，不免让人感慨仰之弥高、可望而不可即。

古代先贤的传统人格建构，当然清晰地看到这一点，如孔子就曾发出"圣人，吾不得而见之矣"（《论语·述而》）的喟叹。中华文化向来具有重人伦、重实用的特点，其传统人格构建也非常注重从现实人格到理想人格的梯度层次关系。在中国古代社会里，具有一定数量的"士"的阶层，是现实正面人格中最可能向理想人格攀升的群体。只是，儒家心目中的"士"，是学以立志、知耻有为的"贤士"；道家心目中的"士"，是返璞归真、逍遥自在的"隐士"；墨家心目中的"士"，是义无反顾、舍生取义的"义士"；魏晋以后逐步形成和壮大的释家，其心目中的"士"，是心存善念、一心向佛的"居士"。从社会大体流向分野看，儒者入世，走向中心，成为积极有为的士大夫；道者出世，走向山林，成为潇洒无羁的方外隐逸之人；墨者向下，走向民间，成为"路见不平一声吼"的仗义侠士；释家作为融入中华文化的外来宗教，潜入人间世，其成员化身为慈悲为怀、普度众生的佛陀、菩萨。

当然，这只是十分粗略的倾向性描述，不同类型的人格形态并非孤立绝缘，其间互有借鉴和交叉，即便同一类型的人格形态也是各色人等，异彩纷呈。那么，诸家人格形态在中国社会历史发展进程中各有什么境遇、各自命运又如何呢？

第二节　效行相宜：君子人格的广受推崇

诸家人格形态的消长沉浮及演化嬗变，既与各自相对独立的人格内涵和追求愿景相关，更与中国特定的历史发展过程和社会需求紧密相连。春秋战国勃兴的诸子百家之学，经过秦王朝大一统帝国崛起奉行极端化的法家学说，以及汉代初期为纠偏而盛行的因循自然无为的道家黄老之学，到雄才大略的汉武帝刘彻登上皇位后，开始重视和倡导董仲舒提出的积极济世、维护等级秩序、德治与法治并重的儒家学说。这一治国理政指导思想的调整和重建，导致中国社会思想和文化演替发生了删繁就简、摈弃异说、推陈出新、以一揽总的重大变革，即罢黜百家，独尊儒术。

由此，儒家学说成为绵延数千年的中国封建社会的"官学"，成为博大精深的中华传统文化的主干和"显学"。伴随儒学成为历代统治者推行的社会主导思想，成为中华民族的集体文化心理结构，儒家所塑造的人格形象也受到越来越广泛的认同和肯定。儒家对传统人格的构建，明显看到理想人格的培育和塑造要具有现实可行性这一至关重要的问题，设计安排了一个等差有序的传统人格系列：最高境界是尽善尽美、至高无上的"圣人"，次为执着行善、德高望重的"贤人"，又次为德才兼备、修己安人的"君子"，再次为学以立志、知耻有为的"士"，等而下之者为"小人"。在《论语》里，"圣人"及"圣"字出现8次，"贤人"及其意义上的"贤"字出现20次，"君子"出现107次，"士"出现15次，"小人"出现24次。从用词的频率看，《论语》所谈论的重点人格形态显然是"君子"。

值得注意的是，"贤人"与"君子"地位相近而略高于"君子"，在《论语》中虽然多指富有道德和才能的人，但有时也专指乱世中避世的隐士。弟子冉有曾问："伯夷、叔齐何人也？"孔子明确回答："古之贤人也"（《论语·述而》）。他还夸赞伯夷、叔齐这些避世逸民"不降其志，不辱其身"（《论语·微子》），说"贤者辟（避）世，其次辟地，其次辟色，其次辟言"（《论语·宪问》）。这种以"贤人"指称避世隐士，与其"邦有道则仕，邦无道则可卷而怀之"（《论语·卫灵公》）的思想是一致的。作为热心济世的孔子，虽然理解和认可隐者"天下有道则见，无道则隐"（《论语·泰伯》）的避世态度，却并不赞成他们消极逃世的做法。他曾在听罢长沮、桀溺的避世高论后慨叹："天下有道，丘不与易也"（《论语·微子》），表明其不愿像隐者那样逍遥于山林，而要为治理天下尽心竭力。由于孔子的基本旨趣是反对逃世的，因而他所推重的效行相宜的人格形象主要不是"贤人"，而是"君子"。那么，在儒家等差有别的人格序列中，孔子如何确定和把握君子人格的特质呢?

"君子"概念早在西周时期就已经频繁使用。孔子突破商周典籍中的"君子"多专指君王、执政者或贵族的旧义，在"有位者"内涵的基础上，赋予了君子更多"有德者"的新义。在《论语》里，孔子及其弟子对王公贵族所具有和应有的道德优点择善而从，汲取便于师法和遵循的内容推而广之，扩大为社会应普遍倡导和推广的伦理规范与要求，以解决如何做人，即如何培育和塑造崇德守礼之人的根本问题。为了使君子形象更加清晰地呈现于世人面前，孔子睿智地在《论语》里采取比较排除法，主要从两个方面对君子人格做了辨析和界定。一方面，他反复说:

> 君子喻于义，小人喻于利。(《论语·里仁》)
>
> 君子坦荡荡，小人长戚戚。(《论语·述而》)
>
> 君子求诸己，小人求诸人。(《论语·卫灵公》)
>
> 君子成人之美，不成人之恶，小人反是。(《论语·颜渊》)
>
> 君子和而不同，小人同而不和。(《论语·子路》)
>
> 君子泰而不骄，小人骄而不泰。(《论语·子路》)

在多视角多层次的对照比较中，孔子不仅为我们划定了君子与小人的界限，确立了君子人格的内在情操和外在形貌，同时也不言自明地申述了君子人格的意义和价值，以及培育君子人格的必要性和重要性。

另一方面，孔子又在君子与圣人之间划定界限并拉开距离。他对弟子称他为"圣人"颇为不满，表示"若圣与仁，则吾岂敢"；他还强调说:"圣人，吾不得而见之矣；得见君子者，斯可矣"。(《论语·述而》)在孔子心目中，圣人是难以寻觅、难以企及、高不可攀的至善典范，而君子则是可望可及、经过努力可以实现和达到的人格境界，是理想又现实、尊贵又亲切、高尚又平凡的人格形象。

孔子精心塑造的君子人格，伴随《论语》的问世而流布四方，大有登高一呼，八方响应的效应。儒家学派的后继者如孟子、荀子等，对君子人格竭力张扬申说自不待言。与儒家学派颇多歧见的墨家学派和法家学派，虽然在某些方面不满儒家学说，但对君子人格却津津乐道。如墨子说:"君子之道也，贫则见廉，富则见义，生则见爱，死则见哀。四行者不可虚假，反之身者也"(《墨子·修身》)；"君子不镜于水，而镜于人。镜于水，见面之容；镜于人，则知吉与凶。"(《墨子·非攻》)韩非子说:"君子不蔽人之美，不言人之恶"（《韩非子·内储说上》）；"礼为情貌者也，文为质饰者也。夫君子取情而去貌，好质而恶饰"（《韩非子·解老》）。如此等等，无不表明他们对君子人格的高度肯定。

道家学派对宇宙演化、社会更迭、人伦秩序及其相互关系等，均有自己独到的理解和认识，诸多思想观念与儒家学派彼此矛盾甚至截然对立，但在认同和赞赏君子人格这一点上，两者却颇为一致。老子《道德经·二十六章》说：

> 重为轻根，静为躁君。是以君子终日行不离辎重；虽有荣观，燕处超然。
> 奈何万乘之主，而以身轻天下？轻则失本，躁则失君。

在老子看来，重是轻的根基，静是动的主宰。所以君子四处行走也不离装载日常用品物资的车辆，即便有荣华富贵享受，也能看穿诱惑，超然处之。君子的境界不仅超越庸碌、轻浮的小人，而且比那些以躁动、率意方式治国的"万乘之主"也远胜一筹。庄子对君子人格也赞赏有加，他说："君子之交淡若水，小人之交甘若醴，君子淡以亲，小人甘以绝"（《庄子·山木》）；他还说："天下尽殉也：彼其所殉仁义也，则俗谓之君子；其所殉货财也，则俗谓之小人"（《庄子·骈拇》）。凡此种种，无不表明道家学派对君子人格同样颇为认同和称许。

当然，若细加分辨，儒家与道家虽然共同推崇君子人格，但两者推崇的内涵却有不同的意蕴和旨趣。儒家树立的君子形象，是现实社会伦常关系中的有德之人，是内在德性与外在事功统一的人格样板；而道家标榜的君子形象，则多半是超越世俗生活、顺应自然之道的得道行道者，是奉行"无为而无不为"原则的"无为而治"的高手。儒、道的这种分别，并非否定或降低君子人格的价值和意义，而是丰富和提升君子人格的内涵及普遍适应性。如果说，在原典儒学里，"自强不息、厚德载物"是君子人格的核心内容；那么，经过道家思想的渗透和补充，君子人格于刚健有为、热心济世的意脉之外，则增添了道家顺其自然、清净自守的要素。这种以儒为主，儒道互补，甚至兼容墨家、法家、佛家积极因素的衍化嬗变，使君子人格在传承、接受、流布、扩散的过程中，显现出更大的包容性和吸引力，成为中华民族广泛认同和推崇的可学、可做并应学、应做的人格榜样。

君子人格在中华文化的传统里、在中国民众的心目中，具有极高的共识度和影响力。这一点，民间流传大量有关君子的民谚俗语，足可为明证。譬如，在义利气节方面，人们常常张口就说："君子爱财，取之有道"；"君子盼得天下富，小人发得一人财"；"君子不怕明算账，小人贪恋不义财"；"君子争礼，小人争利"；"义动君子，利动小人"；"君子务本，小人逐末"；"君子重名节，小人重名号"；"知足称君子，贪婪是小人"，等等。在诚实守信方面，人们经常爱说："君子一言，驷马难追"；"君子一言，快马一鞭"；"君子说话，如笔泼墨"；"君子坦荡荡，有话当面讲"；"明人不做暗事，君子不说假话"；"君子当面骂人，小人背地说话"；"有事但逢君子说，是非休听小人言"；"直率坦白真君子，笑里藏刀是歹人"；"君子不欺暗室"；"君子无戏言"，等等。有关君子的俗语民谚几乎遍及社会生活的各个方面，除了上述义利气节、诚实守信的内容以外，起码在仁义济世、处世交友、砺学修身、怡情养性、慎独操守等层面，相关俗语民谚同样繁花似锦，让人目不暇接。

短小精炼、意蕴深厚的民谚俗语，是中国人世代积累的人生经验和价值追求的结晶，是中华文化在民间沉淀和淘洗出的处世良言，常常被民众百姓看作不证自明的"道理"，发挥着警策自己、说服他人、指导日常生活的独特作用。有关君子的民谚俗语在社会生活中俯拾即是，充分说明君子人格家喻户晓、深入人心，广受推崇。

第三节　修己安人：君子人格的基本内涵

君子人格究竟需要具备哪些要素？或者说君子人格的具体内涵是什么？不同学者对此有不同概括和解答。余秋雨从君子怀德、君子之德风、君子成人之美、君子周而不比、君子坦荡荡、君子中庸、君子有礼、君子不器、君子知耻九个方面，勾画了君子的内在素质和外在形貌。牟钟鉴从仁义、涵养、操守、容量、坦诚、担当六个方面，对君子人格的定义及由来做出自己的阐释。还有的学者从忠恕、宽厚、仁德、情义、谦逊、诚信、中和、亲民等方面，描绘君子人格的特质和气象。其实，中国古代典籍里关于君子的论述汗牛充栋，历代仁人志士崇尚和践行君子人格的佳话趣闻也车载斗量，我们很容易从某些方面提取某些要点形成对君子人格内涵的归纳和总结。这类提要性的梳理和概述，对于了解和掌握君子人格的丰富内涵，无疑具有十分重要的意义与价值，但有时也会面对巨细难悉究、举不胜举的遗珠之憾，以及因观察视角和层面的不同，存在所见内涵远非一致的参差之异。这里，我们尝试在总体把握上对君子人格的整体形貌做一个轮廓性速写，作为上述学者对君子人格要点概括和重点刻画的背景与衬托，以供参照互补，深化认识。

从总体把握看，君子人格的内涵可以简单概括为"修己安人"四个字。此语源自孔子与子路的一段对话。子路求教怎样成为君子，孔子给出的回答是"修己以敬""修己以安人""修己以安百姓"。这层层递进的答案实际就两个关键词，表达了两层意思：一是"修己"，一是"安人"。此处的"安百姓"其实也是"安人"，不过扩大了"安人"的范围罢了。这也告诫我们，要想成为君子，绝非只是提高自身修养，以严肃恭敬的态度独善其身即可大功告成，而是要通过自己的努力和作为，不仅使家族及周边的人安居乐业，还要给天下百姓带来安宁和快乐。儒家学术乃至整个中华传统文化，主要包括人的内在伦理修养论和外在治世政治论两个紧密联系的组成部分，前者强调不断地"反求诸己"，严以修身，即人们常说的"内圣"之学；后者则突出"推己及人"，匡救天下，即后世所说的"外王"之学。正如余英时在《儒家"君子"的理想》中所言："儒学有此'内转'和'外推'两重过程，这也是后世所说的'内圣外王'之道。简单地说，这是以自我为中心而展开的一往一复的循环圈。一部中国儒学史大体即是在此循环圈中活动。"[1]这种通过不断内省提升自我修养，使自身具有圣人之德，从而对外实施王者之政，使天下百姓安居乐业的人生导向和价值追求，孔学后人在《大学》里做了更为具体、明晰的阐述：

> 古之欲明明德于天下者，先治其国；欲治其国者，先齐其家；欲齐其家者，先修其身；欲修其身者，先正其心；欲正其心者，先诚其意；欲诚其意者，先致其知。致知在格物。物格而后知至，知至而后意诚，意诚而后心正，心正而后身修，身修而后家齐，家齐而后国治，国治而后天下平。自天子以至于庶人，壹是皆以修身为本。

这里提出的格物、致知、诚意、正心、修身、齐家、治国、平天下"八条目"，如果说前五项侧重以"修己"为核心的内圣之学，那么后三项则偏向以"治平"为重点的外王之学。在主要反映孔子思想的儒学原典《论语》里，"修己"与"治平"两个方面尚浑然统一并融合于一个体系之内，但在后续发展过程中，这两个方面则有所割裂和分离。孔子之后儒家学术的分化，主要是孟子、荀子两派。相对而言，孟子更多发展儒学原典中以"修己"为核心的内圣之学，而荀子则多半发展儒学原典中以"治平"为重点

---

[1]余英时：《儒家"君子"的理想》，《中国思想传统的现代诠释》，南京：江苏人民出版社，1989年，第167页。

的外王之学。

孟子胸怀豪情，颇有治世雄心，曾高调宣称："如欲平治天下，当今之世，舍我其谁也？"（《孟子·公孙丑下》）他"平治天下"的方策，主要通过"正人心""施仁政"的办法来实现。他指出："仁义礼智，非由外铄我也，我固有之也，弗思耳矣。故曰：'求则得之，舍则失之'。"（《孟子·告子上》）他认为实施"仁政"的关键，就是要把人内心固有的仁义礼智"四端"激发出来，由此便"足以保四海"（《孟子·公孙丑上》）。孟子这种以个人修养为出发点最终达到治国平天下目标的治世方略，自然得出"人有恒言，皆曰：'天下国家'。天下之本在国，国之本在家，家之本在身"（《孟子·离娄上》）的结论。孟子这种由内而外、由己而天下，"自天子以至于庶人，壹是皆以修身为本"的治世方略，既针对普通大众，更针对君王国主。他认为，实施仁政的要点，在于有仁人充任国君，因为"君仁，莫不仁；君义，莫不义；君正，莫不正。一正君而国定矣"（《孟子·离娄上》）。正因如此，孟子谈论"君子"时特别强调："君子所以异于人者，以其存心也。君子以仁存心，以礼存心。仁者爱人，有礼者敬人。爱人者，人恒爱之；敬人者，人恒敬之。"（《孟子·离娄下》）

与孟子侧重以"仁"为核心的内圣之学勾勒君子人格的形象不同，荀子则显然偏向以"礼"为重点的外王之学，即注重外在道德规范对君子人格的陶冶和塑造作用。这当然与他"人之性恶，其善者伪也"（《荀子·性恶》）的基本观点有关。荀子站在"性恶论"的立足点上，认为"人之生固小人，无师无法则唯利之见耳。"（《荀子·荣辱》）他指出："君子小人一也。好荣恶辱，好利恶害，是君子小人之所同也；若其所以求之之道，则异也。……尧禹者，非生而具者也，夫起于变故，成乎修为，待尽而后备者也。"（《荀子·荣辱》）在荀子看来，"人之生固小人"，因而"君子之与小人，其性一也"，之所以后来产生高下优劣的分野和变化，主要缘于学习和修为。《荀子·劝学》云：

> 学恶乎始？恶乎终？曰：其数则始乎诵经，终乎读礼；其义则始乎为士，终乎为圣人。真积力久则入，学至乎没而后止也。故学数有终，若其义则不可须臾舍也。为之，人也；舍之，禽兽也。故《书》者，政事之纪也；《诗》者，中声之所止也；《礼》者，法之大分，类之纲纪也。故学至乎《礼》而止矣。夫是之谓道德之极。

余英时认为："此段所言，即是荀子的'君子之学'。"[1]因为"始乎为士，终乎为圣人"者，中间全是成为"君子"的阶段。王先谦《荀子集解》注"终乎为圣人"曰："荀书以士、君子、圣人为三等，'修身''非相''儒效''哀公'篇可证。故云：始士终圣人。"由于"圣人"是难以企及的最高境界，荀子所谓"始乎为士，终乎为圣人"，实际上是指出如何成为"君子"的路径。所以他下文接着说："君子之学也，入乎耳，著乎心，布乎四体，形乎动静。端而言，蝡而动，一可以为法则。"荀子给出成为君子的通道是："始乎诵经，终乎读礼"，并说："学至乎礼而止矣。夫是之谓道德之极"，其突出礼、强调礼的重要性是一目了然的。当然，荀子虽看重隆礼重法的一面，也并非排斥修身养性的作用，其《劝学》篇申述"君子博学而日参省乎己，则知明而行无过矣"即是明证。

如果说，孟子和荀子的君子论分别从不同侧面发掘"修己"与"安人""内圣"与"外王"的义理，那么，《中庸》则综合两者的思想对君子人格做了诸多精彩描述。《中庸》作为《礼记》中的一篇成书甚晚，大抵为汉代辑佚修订而成，因而其中明显看出兼有孟子、荀子思想的影响。"故君子尊德性而道问学，致广大而尽精微，极高明而道中庸。温故而知新，敦厚以崇礼。是故居上不骄，为下不倍。国有道，其言足以兴；国无道，其默足以容。《诗》曰：'既明且哲，以保其身。'其此之谓与！"这是《中庸》探讨君子人格最具代表性的一段话，也是吸收孔、孟、荀诸家思想对君子人格做出的极富魅力的阐述，在一定意义上不妨看作前期儒家对君子人格勾画的一个总体性轮廓。至于君子人格需要具备仁、义、礼、智、信及忠、孝、廉、悌等不可或缺的要素，自是不言自明之理，且学界多有阐述，此不复赘。

第四节　历久弥新：君子人格的时代价值

君子人格是中华民族千锤百炼的人格基因，是历代中华儿女"立己达人"的共同价值追求，是中华民族文化特点和精神标识的集中体现。与西方人执着追求"绝对理性""上帝天堂"这种外在的精神超越方式不同，中国人主要立足现实世界，在处理人间事务中追求人生的圆满和价值的实现，走的是一条人生内在自我超越之路。中国传统

---

[1]余英时：《中国思想传统的现代诠释》，南京：江苏人民出版社，1989年，第172页。

理想人格，即便是先秦诸子所追捧，乃至有些神化的尧、舜、禹等"圣人"，也与古代神话中的女娲、后羿等人格神有着本质的区别，而是堪称"人伦之至""万世师表"的圣贤。信奉谋事在人、注重经世致用，是中华文化的一种基本倾向。由这种"入世文化"为主导精神而熔炼出的中国传统人生哲学，无意也不屑于构筑彼岸世界的"伊甸园"和"极乐净土"，而是讲究和重视在此岸世界"立德、立功、立言"，以达到人生"三不朽"的境界。这种人生哲学和社会风尚的弘扬与普及，造就出一种以人伦纲常为中心的伟大文化传统。为什么儒学作为先秦诸子学说的一种，能够在历史的大浪淘沙中出类拔萃，成为中华传统文化的支柱和主流？为什么君子人格能够在道家隐士人格、墨家侠士人格等诸多人格模式中脱颖而出，成为中国人普遍崇尚和追求的人格形态？其深层奥秘即掩藏在中华文化积极入世的主导倾向里。

一个民族的人格形态或者说集体人格，既是民族文化精神的凝聚和绽放，又是体现时代变迁的文化符号。秦汉大一统帝国的建立，特别是汉武帝"罢黜百家，独尊儒术"后纲常名教盛行，儒家的君子人格被统治者奉为人格典范加以倡导，成为社会主流人格形态。在古代社会里，自魏晋以降，经历崇尚虚无、轻蔑礼法、淡泊宦途、雅逸率性的士族文化的涤荡，君子人格中儒家纲常名教伦理的成分，在"魏晋风度"的冲击和掺杂下有所暗淡与衰落。至隋唐，新的大一统局面形成，尤其是中唐以后儒家道统的重振和复兴，包括宋明理学对儒学的阐扬发挥，王阳明心学对人生哲学的独到贡献，君子人格在漫长历史征途中栉风沐雨，历练提升，内蕴变得更加精微丰富。

五四新文化运动爆发，中国传统文化的厚土围垒和深宅大院，面对"打倒旧文化、提倡新文化"的狂涛巨澜，很快溃坝决堤，一片汪洋。陈独秀等在《新青年》上呼唤青年锻造现代人格，即"自主的而非奴隶的、进步的而非保守的、进取的而非退隐的、世界的而非锁国的、实利的而非虚文的、科学的而非想象的"[1]新型人格，以及鲁迅对"国民性"的批判和改造，唤醒中国人在革故鼎新中，打破一个旧世界，建设一个新世界。这一追求给古老的中国带来翻天覆地的变化，中国共产党引导中国人民不仅建设了一个自立于世界民族之林、并逐步走向繁荣富强的新中国，而且在革命、建设、改革的历程中，创造出生机勃勃的革命文化和社会主义先进文化，中华儿女的人生理想追求也踏上培育和塑造现代人格之路。由于中国近百年来的社会发展，始终高扬救亡图存、民族复兴的时代主旋律，中国人的现代人格建构也增强了以爱国主义为核心的民族精神和

---

[1]陈独秀：《新青年》创刊词《敬告青年》。

忧患意识，增强了以改革创新为核心的时代精神和拼搏意志。

　　与此同时，新中国成立后，经过改革开放以及全面建成小康社会等沧桑巨变，五四时期汹涌澎湃的反传统潮流，早已在岁月河道的疏浚和校正中悄然隐退。传统文化的庙宇殿堂以坚实的基础和巍峨的雄姿岿然屹立，在新时代阳光的照射下更显气象庄严，熠熠生辉。正如习近平总书记所说："中华文化源远流长，积淀着中华民族最深层的精神追求，代表着中华民族独特的精神标识，为中华民族生生不息、发展壮大提供了丰厚滋养。"习近平总书记还指出："培育和弘扬社会主义核心价值观必须立足中华优秀传统文化。牢固的核心价值观，都有其固有的根本。抛弃传统、丢掉根本，就等于割断了自己的精神命脉。博大精深的中华优秀传统文化是我们在世界文化激荡中站稳脚跟的根基。"[1]这也提醒我们，君子人格作为中华民族数千年推崇和践行的人格范式，在新时代立德树人的宏大工程中具有重要参考价值。

　　党的十九大报告提出培育"时代新人"的要求，这是新时代中国特色社会主义立德树人的新目标。培育什么样的"时代新人"？主要涉及五个方面的要求，即有理想、明大德、强本领、勇担当、重实干。其实，这些内容在古代先哲谈论君子人格时早已响鼓重槌，反复申论。"君子谋道不谋食"（《论语·卫灵公》）、"君子学以致其道"（《论语·子张》），这不是强调君子要有理想有抱负吗？"君子以厚德载物"（《周易·坤卦》）、"君子以见善则迁，有过则改"（《周易·益·象传》），这不是把明大德作为成就君子的必备条件吗？"君子博学于文"（《论语·雍也》）、"君子病无能焉，不病人之不己知也"（《论语·卫灵公》），这不是将本领和能力看作君子的基本素质吗？"君子忧道不忧贫"（《论语·卫灵公》）、"君子之守，修其身而天下平"（《孟子·尽心章句下》），这不是肯定君子要有担当精神和忧患意识吗？"君子以自强不息"（《周易·乾卦》）、"君子欲讷于言而敏于行"（《论语·里仁》），这不是说明君子要有奋发有为的实干精神吗？如此，等等，无不表明传统君子人格的基本内涵与当代社会如何做人做事的观念要求，在许多方面是并行不悖、高度重合的，完全可以一脉相承，融会贯通。

　　为什么在时代发展疾速前行、社会生活日新月异的当下，传统君子人格能够"苟日新，日日新，又日新"，彰显出生机勃勃的持久活力？其原因就在于：现代由古代延续而来，现代只是历史长河中的一瞬，而漫长的古代不仅在时间上是千百个既往现代的累

---

[1]习近平：《把培育和弘扬社会主义核心价值观作为凝魂聚气强基固本的基础工程》，《人民日报》2014年2月25日。

积，并且在知识文化上拥有无数既往经验和智慧的积淀。人们之所以经常说鉴往知来、借古开今，就在于历史和传统中蕴藏着大量处理今天繁难事务的智慧和启迪。当然，今天新人与传统君子所处时空不同，各自面对不同的生存条件和发展问题，需要以不同思路、不同方法回应和解答不同的时代课题，这是显而易见无须赘述的。但两者在面对和处理不同时代矛盾乃至云泥之别的时代课题时，具有大致相同的内在精神气质，即孔子所说的"吾道一以贯之"的伟大民族精神，这也是昭明彰著毋庸置疑的。赤胆忠诚的爱国情怀、坚毅顽强的奋斗意志、精益求精的钻研品格、敢闯敢试的革新追求、爱岗敬业的挚诚奉献、助人为乐的古道热肠，等等，这些既是我们时代披荆斩棘、开拓前行的价值导向和精神动力，也是对"天行健，君子以自强不息""地势坤，君子以厚德载物"为标志的君子人格内涵的时代诠释和生动实践。

　　君子人格是中华传统文化大熔炉数千年熔炼和锻造的人格典范，不仅汇聚和包蕴着许多中国人立身处世"千古不易"的基本理念及原则，而且具有与时俱进，开拓创新的精神和品格，正如宋代理学家程颐所说："君子之学必日新，日新者日进也。"作为中华民族坚韧性格和美好品德的象征，君子人格从遥远的古代健步走来，一路跋山涉水，不畏艰险，饱经磨砺而又不断开拓新境，展现了历久弥新的时空超越性和古为今用的时代价值。君子人格及君子文化是我们践行社会主义核心价值观，培育时代新人能够活态嫁接的老树新枝，必将在新时代的神州大地上郁郁葱葱，呈现蔚为壮观的繁茂景象。作为新时代的青年，我们需要了解君子文化特别是君子人格在中国传统文化树人体系中的特殊地位，更需要了解当今时代对君子文化特别是君子人格的新要求。在此基础上，致力于追求修炼自己的君子人格，并积极落实于学习、生活和工作的实践中，就可以成为新时代的君子。

第九章　君子文化与人类命运共同体

🌸 阅读提示 🌸

　　孔子在《礼记·礼运》中阐述的"大同"社会，是古代君子梦寐以求的社会发展目标。这一思想具有永恒的生命力。与当代提出的构建人类命运共同体，有着重要的传承关系。"人类命运共同体"是"天下大同"理想的创造性转化和创新性发展。君子文化建设必须与人类命运共同体紧密联系起来。新时代的君子必须平等地看待世界不同国家、民族和文化，倡树全人类共同价值，首先努力把中国自己的事情办好，同时积极履行国际义务，为人类共同发展做出更大贡献。

　　我们的古人很早就期望"天下大同"。《礼记·礼运》记载，孔子说："大道之行也，天下为公，选贤与能，讲信修睦。故人不独亲其亲，不独子其子，使老有所终，壮有所用，幼有所长，鳏、寡、孤、独、废疾者皆有所养；男有分，女有归。货恶其弃于地也，不必藏于己；力恶其不出于身也，不必为己。是故谋闭而不兴，盗窃乱贼而不作，故外户而不闭，是谓大同。"（大道施行的时候，天下是人们所共有的，把品德高尚而又能干的人选拔出来，大家讲求诚信，彼此和睦相处。所以人们不单奉养自己的父母，不单抚育自己的子女，使老年人能终其天年，中年人能为社会效力，年幼的孩子可以健康成长，让老而无妻的人、老而无夫的人、幼而无父的人、老而无子的人以及所有残疾人都能得到社会的供养，所有男子都有职务，所有女子都有归宿。对于财货，人们憎恨把它扔在地上的行为，却不一定要自己私藏；人们都愿意为公众之事竭尽全力，而不一定为自己谋私利。因此奸邪之谋不会发生，盗窃、造反和害人的事情不会发生。所以大门都不用关上了，这就叫作大同社会）。据此可知，大同社会倡导"天下为公"的政治理想；倡导"选贤与能"的治理体制；倡导"讲信修睦"的人际关系；倡导各得其所的社会保障；倡导人人为公的社会道德；倡导安定有序的社会秩序。显然，这是对理想社会的描述，代表着人类对未来社会的美好憧憬。古代君子执着于这样的大同理想，演绎出许多可歌可泣的人生故事和历史篇章。

"天下"是中国古人对世界的知识体认和意义表达，是表征地理空间、文化心理、秩序理念的有机体。作为一个地理词汇，"天下"指天空下的一切存在物。"天下"基于地理空间与文化心理的有机性而具有秩序统一性，"天下"具有终极关怀和最高目的的意义统一性。人是自然存在物，也是多维度对象化关系的社会存在物。人只有在共同体中才可能显敞和确证其本质力量，也只有在地理空间与文化心理的有机性上来建构天下秩序的统一性。基于这一逻辑的"天下观"，在国家关系上体现为"协和万邦"的国际观，在社会关系上体现为"和而不同"的社会观，在人际关系上体现为"仁心和善"的道德观。"天下"由此作为对世界的知识体认和意义表达，在本体上形成一个"天人一体"的秩序理念，旨在建构以"意义"统领"秩序"的人类社会有机体。

大同是中国古代思想，指人类最终可达到的理想世界。基本特征即为人人友爱互助，家家安居乐业，没有差异，没有战争。这种状态称为"世界大同"，此种世界又称"大同世界"。古代思想家对大同社会做出了许多符合当时历史条件的阐述，近现代思想家、政治家结合时代特征进一步阐释大同思想，又加入了全球范围内政治、经济、科技、文化融合的思想，探讨其对世界历史进程的积极影响。这种思想，我们现在称之为人类命运共同体。人类命运共同体是以全人类共同价值"和平、发展、公平、正义、民主、自由"为基础的。这种人类命运共同体思想，必将成为现在和今后处理不同国家、不同民族、不同文化交往、交流的基础理论和处事原则，建立多元一体的人类命运共同体。作为新时代的君子，对此必须有科学认识并努力践行。

第一节　中国大同思想的沿革发展

"大同"是中国古代对理想社会的一种称谓，这种思想源远流长。下面简述这一思想的沿革发展。

一、先秦两汉

春秋末期到秦汉之际的大同思想：这一时期是中国古代社会制度发生剧烈变动的时期。在这样一个新制度产生的分娩阵痛时期，产生出各种各样的关于理想社会的蓝图，农家的"并耕而食"理想，道家的"小国寡民"理想和儒家的"大同"理想，是这一时期大同思想的三种主要类型。

农家"并耕而食"的理想：人人劳动，没有剥削；社会生产基本上以自给自足的农业为主，但存在若干独立的手工业，并进行着农业和手工业产品之间的交换，交换按等价原则进行，没有商业欺诈；不存在脑力劳动和体力劳动之间的分工，不存在专业的脑力劳动者，连君主也要和人民"并耕而食"。农家的这种理想，实质上是农民小生产者对自己落后的经济地位的理想化。

道家"小国寡民"的理想：人类分成许多互相隔绝的"小国"，每一个小国的人民都从事着极端落后的农业生产以维持生存，废弃文字，尽量不使用工具，人人满足于简陋低下的生活而不求改进；同外部世界断绝一切联系，即使对"鸡犬之声相闻"的"邻国"（实际上是邻村），也"民至老死，不相往来"（《老子》第八十章），而舟车等交通工具是根本用不着的。道家的"小国寡民"理想，实际上是一种历史倒退的幻想。

儒家"大同"的理想：没有私有制，人人为社会劳动而不是"为己"；老弱病残受到社会的照顾，儿童由社会教养，一切有劳动能力的人都有机会充分发挥自己的才能；没有特权和世袭制，一切担任公职的人员都由群众推选产生；社会秩序安定，夜不闭户，路不拾遗；对外"讲信修睦"，与邻国友好往来，没有战争和国际阴谋。

不难看出，儒家的大同理想比农家、道家的理想更详尽，更完整，也更美好，更具有诱人的力量。因此，它在中国思想史上也有更大、更深远的影响。

儒家大同理想是在《礼记·礼运》篇中提出来的。《礼记·礼运》篇大概产生于秦汉之际或汉初。所以，尽管以孔子名义发布，但很难说就是孔子的原话。这时，新兴统治阶级已经建立起统一的集权专制帝国，正在雄心勃勃地为巩固政权、发展经济而斗争，于是，它的某些代表人物就提出大同这种理想社会方案，描绘出一个美好的远景。

上述三种类型的大同理想，奠定了后代大同思想的发展基础，后代出现的农民小生产者的大同类型，基本上都是属于农家类型的；一切在王朝更替、农民战争中受到损害，企图用"避世"来寻求解脱的人，都憧憬着道家类型的理想境界；而儒家的大同理想，则往往为新兴社会力量的代表人物所汲取。

二、西汉以后

在西汉中叶至清代第一次鸦片战争前，中国的社会政治结构和社会形态保持稳定，没有形成新的生产力和新的阶级，因而儒家大同类型的理想，未再出现新的模式。

农家类型的大同理想，主要通过组织农民起义的宗教团体的某些生活制度体现出来，东汉末年张鲁承继的五斗米道是最早的典型。张鲁据有汉中后，废除官吏，设"祭酒"分管部众，各祭酒的辖区设义舍，放置义米、义肉，供行人无偿取用。对部众的管理强调用说服教育的方式，对犯法的人也首先教育，宽恕三次不改而后处罚。

道家类型的大同理想，则在东晋陶渊明的《桃花源记》中形成了新的、最有影响的典型。陶渊明在文中幻想出一处同现实世界隔绝的人间乐土——桃花源，那里没有剥削、压迫和战争，人们永远处于和平、宁静和温饱的环境中，过着无忧无虑的田园生活，对外部世界几百年来的王朝废兴、社会动乱都一无所闻，自秦末进洞以来，"乃不知有汉，无论魏晋"。《桃花源记》在中国大同思想发展史上有着重要的地位。此后一千多年，幻想逃避现实社会的苦难的人普遍地憧憬着"世外桃源"，它成了人间乐土的同义语。

三、近代发展

从1840年第一次鸦片战争以后，中国由传统社会逐步向近代社会转型，这是中国历史上又一次社会剧烈变动的时期。农家类型和道家类型的大同理想仍有所表现，太平天国的《天朝田亩制度》和章太炎（1869~1936）的《五无论》[1]分别是二者的典型。但是，在近代中国的大同理想中占主要地位的却是儒家的大同类型，它被许多资产阶级代表人物用来表达自己的社会理想，其中最为著名的是康有为和孙中山的两种大同理想。

康有为写了《大同书》，设想未来的大同社会是一种以生产资料公有制为基础、没有剥削的社会。生产力高度发达，人们物质文化生活水平很高。国界消灭，全世界统一于一个"公政府"之下，没有战乱。政治上实行资产阶级民主共和制度，没有贵贱等级。男女完全平等，家庭已消灭，不存在父权、夫权压迫。

孙中山大同理想的主要内容是：土地国有，大企业国营，但生产资料私有制仍然存在，资本家和雇佣劳动者两个阶级继续存在；生产力高度发展，人们生活普遍改善；国家举办教育、文化、医疗保健等公共福利事业，供公民享用。

康有为和孙中山都对西方资本主义国家的垄断压迫、贫富分化、危机、失业等现象有所批评，但他们的大同理想基本上还是对资本主义制度的理想化。康有为的现

---

[1]章太炎：《五无论》，见于张枬等编《辛亥革命前十年间时论选集》第二卷下，生活·读书·新知三联书店，1960年。"五无"，指无政府、无聚落、无人类、无众生、无世界。

实主张是通过自上而下的改革逐步走上资本主义发展道路，因而对自己的大同理想不愿立即实行，主张经过缓慢的改良在遥远的未来使"君衔……徐徐尽废而归于大同"（《大同书》）。孙中山作为资产阶级革命派的代表，则要求把他的大同理想在资产阶级民主革命阶段就付诸实施，要求"举政治革命、社会革命毕其功于一役"（《孙中山选集》）。

四、当代：人类命运共同体

著名社会学家、人类学家费孝通先生（1910~2005）在1990年总结提出了国际文化交流"各美其美，美人之美，美美与共，天下大同"[1]的十六字箴言。"各美其美"是指各个民族都有自己的价值标准，各自有一套自认为美的东西。这些东西在别的民族看来不一定美，甚至会觉得丑恶。其实，民族接触的初期还常常发生强迫别的民族改变他们原有的价值标准来迁就自己的情形，能容忍、做到"各美其美"是一大进步。只有在民族平等地频繁往来之后，人们才开始发现别的民族觉得美的东西自己也觉得美并去赞美它。这就是"美人之美"。这是高一级的境界，是超脱了自己生活方式之后才能达到的境界。这种境界的升华极其重要。再升华一步就是"美美与共"。不仅能容忍不同价值标准的存在，而且能赞赏不同的价值标准，那么离建立共同的价值就不远了。的确，"美美与共"是不同标准融合的结果，那不就达到了我们古代人所向往的"天下大同"了吗？因此，费孝通先生的十六字箴言可以成为国际文化交流今后应遵循的文明准则。费孝通先生说："我觉得人类的文化现在正处在世界文化统一体形成的前夕。要形成一个统一体，而又尚未形成。……这个特点里边有一个方向，就是多元一体的世界文化的出现。"[2]费孝通先生所表达的是，世界大同是必然趋势，多元一体、和而不同是必然形态，同时也彰显出其对中华文明具有重要世界意义和对人类共同价值的充分自信。

2013年3月，习近平主席出访俄罗斯，在莫斯科国际关系学院发表演讲时首次提出"人类命运共同体"的倡议。2017年1月18日，习近平主席在联合国日内瓦总部发表《共同构建人类命运共同体》的主旨演讲，提出"构建人类命运共同体，实现共赢共享"的中国方案。在全球化时代，探析从天下大同到人类命运共同体的文化生成图式，

---

[1] 张冠生：《费孝通晚年谈话录：1981~2000》，北京：生活·读书·新知三联书店，2019年，第441页。

[2] 张冠生：《费孝通晚年谈话录：1981~2000》，北京：生活·读书·新知三联书店，2019年，第440页。

可以为携手共建全球治理新秩序提供必要的思想支撑。2021年11月11日，党的十九届六中全会通过的《中共中央关于党的百年奋斗重大成就和历史经验的决议》指出："一百年来，党既为中国人民谋幸福、为中华民族谋复兴，也为人类谋进步、为世界谋大同，以自强不息的奋斗深刻改变了世界发展的趋势和格局。党领导人民成功走出中国式现代化道路，创造了人类文明新形态，拓展了发展中国家走向现代化的途径，给世界上那些既希望加快发展又希望保持自身独立性的国家和民族提供了全新选择。党推动构建人类命运共同体，为解决人类重大问题，建设持久和平、普遍安全、共同繁荣、开放包容、清洁美丽的世界贡献了中国智慧、中国方案、中国力量，成为推动人类发展进步的重要力量。"

从"天下大同"理想到人类命运共同体理念，体现了中国对和谐世界和美好生活的自觉建构，不仅蕴含着中华传统文化的智慧，更是对中国命运的深度思考和对人类命运的一种前瞻性规划。人们开始认识到，人类文明形态是丰富多彩的，每一种文明形态都是人类文明的有机组成部分，都是对人类尊严的证明，都是对人类文明进步的贡献。天下大同，不是把各种文明形态归化为一，而是各种文明形态和谐共存、和而不同、求同存异，共同构建人类命运共同体。

推动构建人类命运共同体，不是以一种制度代替另一种制度，不是以一种文明代替另一种文明，而是不同社会制度、不同意识形态、不同历史文化、不同发展水平的国家在国际事务中利益共生、权力共享、责任共担，形成共建美好世界的最大公约数。人类命运共同体意识，具体表现为"五位一体"的总体布局和实现路径：政治上，要建立平等相待、互商互谅的伙伴关系。安全上，要营造公道正义、共建共享的安全格局。经济上，要谋求开放创新、包容互惠的发展前景，打造兼顾效率和公平的规范格局。文化上，要促进和而不同、兼收并蓄的文明交流。生态上，要构筑尊崇自然、绿色发展的生态体系。

人类命运共同体的提出，不仅在思维层面对当前人类全球性交往进行了价值规约，而且在实践层面为人类生存发展提供了路径走向。具体来说，从人类命运共同体的思维方式出发，主要涵盖了三大层面革命：一是文明层面由对抗性、冲突性走向交流性、互鉴性的理论革命；二是现代化道路层面由一元决定论走向多元共生论的道路革命；三是价值理念层面由单极独断论走向多元开放论的价值革命。人类命运共同体作为一种区别于"西方中心论"且展现人类文明新形态的全新理论和思维方式，为21世纪人类的生存发展指明了基本方向。

第二节　人类命运共同体以全人类共同价值为基础

　　21世纪，人类前途命运休戚与共，各国相互联系和彼此依存比过去任何时候都更频繁、更紧密。在全球性挑战此起彼伏的情况下，任何国家都难以独善其身，世界各国需要团结合作，共同携手解决全人类面临的难题。共同行动呼唤共同价值。全人类共同价值是人类社会实践的产物，也是人类交流交往的结果。只有在建立全人类共同价值的基础上，构成人类命运共同体，才能最终实现天下大同。

　　全人类共同价值符合世界各国人民的共同追求，顺应人类发展进步的时代潮流，也为构建人类命运共同体提供了价值基础。共同应对人类面临的挑战，需要以全人类共同价值凝聚各方力量，推动构建人类命运共同体。2015年9月，习近平主席在第七十届联合国大会一般性辩论上发表重要讲话，首次提出全人类共同价值并阐释了其基本内涵："和平、发展、公平、正义、民主、自由，是全人类的共同价值，也是联合国的崇高目标。"2021年7月，在中国共产党与世界政党领导人峰会上，习近平主席呼吁："我们要本着对人类前途命运高度负责的态度，做全人类共同价值的倡导者，以宽广胸怀理解不同文明对价值内涵的认识，尊重不同国家人民对价值实现路径的探索，把全人类共同价值具体地、现实地体现到实现本国人民利益的实践中去。"党的二十大报告提出："我们真诚呼吁，世界各国弘扬和平、发展、公平、正义、民主、自由的全人类共同价值，促进各国人民相知相亲，尊重世界文明多样性，以文明交流超越文明隔阂、文明互鉴超越文明冲突、文明共存超越文明优越，共同应对各种全球性挑战。"2023年3月15日，习近平主席在中国共产党与世界政党高层对话会上发表题为《携手同行现代化之路》的主旨讲话，并首次提出全球文明倡议："我们要共同倡导弘扬全人类共同价值，和平、发展、公平、正义、民主、自由是各国人民的共同追求，要以宽广胸怀理解不同文明对价值内涵的认识，不将自己的价值观和模式强加于人，不搞意识形态对抗。"习近平主席深刻指出："和平与发展是我们的共同事业，公平正义是我们的共同理想，民主自由是我们的共同追求。"三个"共同"，蕴含的正是各国人民对美好生活的共同企盼。当今世界，推动新型国际关系建设的进步力量在增强，但同时，强权政治、阵营对抗政治、单边主义、保护主义等不时抬头，对世界和平与发展造成严重威胁，治理赤字、信任赤字、发展赤字、和平赤字是摆在全人类面前的严峻挑战。是在对抗和冲突中退回到旧国际关系漩涡中，还是在进步力量推动下走新型国际关系发展道路？世界急需站在全人类高度上的思想引领。习近平主席以对人类前途命运高度负责的态度，提出全人类共同价值，凝练概括全人类的基本价值共识，顺应时代发展潮流、契合各国人民期待，为人类文明朝着正确方向发展提供强大精神动力。

和平与发展是人类的共同事业，也是当今时代的主题，关乎所有人的生存权和发展权。和平孕育发展生机，发展保障持久和平。和平如同空气，各国日用而不觉，失之则共同蒙难。一部国际关系史，可以说也是一部人类不懈追求和平、巩固和平的历史。只有各国共同肩负维护和平的责任，人类才能享受和平的阳光雨露。发展是保障人民基本权利、满足人民对美好生活热切向往的根本途径。今天，国际社会发展不平衡、不均衡现象和问题尚未得到实质性改变，维护各国的正当发展权利，不断改善欠发达国家和地区的发展条件，实现各个国家和群体的共同发展、可持续发展，依然任重道远，这也是将发展作为全人类共同价值的重要意义所在。

公平正义是人类的共同理想，也是国际秩序的基石。世界要公道不要霸道。保障公道公理，摒弃丛林法则、强权政治，是各国人民在国际关系领域的正当追求。站在历史正确的一边、站在人类进步的一边，就要努力维护国际关系公平正义。坚持公平正义，首要的是坚守主权平等原则。主权平等是国与国规范彼此关系的重要准则，也是联合国及所有机构、组织共同遵循的首要原则，在这一点上各国已形成高度共识。国家不分大小、强弱、贫富一律平等，主权和尊严必须得到尊重，内政不容干涉，反对以强凌弱，反对把自己意志强加于人。确保国际规则的平等统一适用，不能"合则用、不合则弃"，更不能搞双重标准、多重标准。在世界格局深刻复杂演变、国际形势动荡变革的当下，人们对公平正义价值的呼唤尤为强烈。

民主自由是人类的共同追求。近现代世界历史上，国际关系的发展进步，正是在一大批国家反对殖民主义、争取民族独立和解放、建立国际政治经济新秩序等推进国际关系民主化的努力中逐步实现的。从国际层面来说，民主意味着各国平等参与国际事务，共同掌握世界命运，遵循共商共建共享原则参与国际治理等。自由意味着每个国家都有自主选择发展道路和发展模式的权利，各国要彼此尊重对方开展正常正当经济文化活动的权利。今天，垄断国际事务的想法是落后于时代的，垄断国际事务的行为也注定是不能成功的。同样，垄断对民主自由的定义，以民主价值观画线、拼凑小集团、搞阵营分割，或以"民主""自由"为幌子干涉别国内政，都与民主自由的价值格格不入，也与世界各国人民的期待背道而驰。

全人类共同价值的价值主体是全人类，要摒弃敌我两分、非此即彼的方法论，把人类作为一个命运共同体。长期以来，西方国际关系理论中流行的价值观念，先验地将世界一分为二、一分为多，处于支配地位的国家将自身理解的特殊价值视为各国都应该接受的价值，组建价值联盟、划分价值阵营，搞价值对抗。这种做法反映的是零和思维、对抗思维，在世界上制造出很多矛盾冲突。全人类共同价值深刻洞察各国相互依存、文明多元共生的现实，把握住任何国家都无法狭隘地盯着自身利益、局部利益而无视全人类共同利益的时代趋势和历史规律，站在全人类共同利益的高度凝练不同国家、民族、地域、文化背景下人们的价值共识，反映各国人民普遍认同的价值理念的最大公约数，超越意识形态、社会制度和发展水平的差异，是全人类共同享有、也有责任共同维护并弘扬的价值理念。全人类共同价值以整体思维、系统观念观照全人类的前途命运，超越了长期困扰国际关系发展的对抗式价值理念，符合人类共同利益。

全人类共同价值是在总结和比较国际关系发展正反两方面历史经验基础上凝练而成的，是在准确把握世界各国求和平、谋发展、促合作的需求基础上提出的。西方国际关系理论把价值体系建构在抽象的人性之上，否认国家之间、民族之间的差异，认为存在超越时空、超越历史的价值范畴，这样的价值必然是虚伪的、无法落地的。全人类共同价值反映世界人民共同期待，直面"世界怎么了""人类向何处去"的时代课题，主张立足当今国际关系发展的状态和趋势，面对大变局下国际关系可能出现的逆流，通过共同价值来把握和校准国际关系发展的方向。全人类共同价值是时代进步和实践发展的产物，切合当今世界实际，因而能够得到各国人民发自内心的认同，也能够具体地、现实地体现到实现各国人民利益的实践中。

全人类共同价值，不是哪个国家的专利，而是各国人民的权利。必须看到，由于各国历史、文化、制度、发展水平不尽相同，弘扬全人类共同价值，必须充分尊重文明的多样性。这与唯我独尊、强施于人的所谓"普世价值"有着根本不同。民主自由是历史的、具体的、现实的，不能脱离不同国家的具体国情去空谈。走自己的路，把全人类共同价值具体地、现实地体现到实现本国人民利益的实践中去，才能各美其美、美美与共，实现人类千百年来共同追求的价值。我们应以宽广胸怀理解不同文明对价值内涵的认识，尊重不同国家、人民对价值实现路径的探索，更好汇聚人类文明进步的精神力量。习近平主席指出："一个和平发展的世界应该承载不同形态的文明，必须兼容走向现代化的多样道路。"非黑即白不是地球的真实颜色，多样性是人类文明的魅力所在，不同国家人民实现价值的路径不同。所谓大同并不是全部相同、高度相同，而是最广泛意义、最大程度、最大范围的认同、趋同，本质是异质文明的相互包容与和谐共生。对立、零和思维支配下的狭隘价值观不得人心，更会把世界带入危险和动荡境地。全人类共同价值坚持普遍性与特殊性、共性与个性相统一，既弘扬促进人类发展进步的先进价值，也尊重不同国家、不同文明在价值实现路径上的特殊性、差异性，对多样性的价值实现路径不是进行否定或替代，而是主张求同存异、平等交流、相互借鉴。这样的价值才能把全人类意志和力量凝聚起来，为应对层出不穷的全球性挑战、增进各国人民福祉增添动力。

第三节　君子文化与人类命运共同体

君子文化与天下大同思想都是中华传统文化的精华。它们同源同脉，具有强大的生命力，不仅维持了中华传统文化和文明形态的赓续和发展，也对当前推广全人类共同价值和构建人类命运共同体提供了重要思想资源。"人类命运共同体"是"天下大同"理想的创造性转化和创新性发展。它继承了传统大同思想的精华，抛弃了过时的成分，通过富有创意的改造和发展，赋予其以新的生命力，展现了中华民族的特有智慧。"人类命运共同体"理念提出后，引起了世界的广泛关注，再次证明只有立足民族文化传统，才能做出符合时代需要的理论创新。如果说，古代君子以天下大同为最高理想，虽不能至而心向往之，那么，当今时代的君子必须拥有全球眼光，以天下为己任，与人类共命运，自觉践行全人类共同价值，积极参与构建人类命运共同体的伟大进程。

中国古代天下观的基本结构形成于商朝时期，即将天下划分成"中央"与"四方"两部分，通过先秦的"百家争鸣"，天下观日臻完善。可以说，人类命运共同体理念继承发扬了儒家的大同思想，二者都具有"天下为公"的价值观念、"和而不同"的辩证思维、"公平正义"的治理理念、"和谐共生"的生存方式、"以人为本"的社会理想。但古人之天下观与今日所说的人类命运共同体还有一定差距。主要体现在以下三个方面：

第一，从地理角度看，古代之"天下"是指中华大地。古人由于受限于科学技术的发展，仅可观察到其生活的地方，自然而然也就将中华大地看作是全"天下"。此方面的天下观正是中国古人最为朴素的世界观，那时的他们认为整个世界是"天圆地方"的。我们今天所说的"天下"，则是指整个地球。

第二，从人心角度看，"天下"不仅指土地，而且还指生活在这片土地上的人的心理。中国古人始终将民心作为天下治理的前提，即"得民心者得天下"。并且，天下观还具备较强的包容性。古时的民心并非纯粹是以人种来区分，更多是以文化认可程度来划分。受时代局限，古人认为的"天下"只有中原和四夷之人；我们今天所说的"天下"，则是指全人类。要自觉地克服前人思想中隐含的"华夏中心论"，也要反对工业革命以来形成的"西方中心论"，建立多元一体的天下观。

第三，从政治角度看，天下观具有较强的政治因素。古人的天下观包括古人所设想的理想化政治秩序，即创建"仁爱、有序"的社会，最终实现"天下大同"。这种观念当然是珍贵的，但也有其局限性。那时人的观念认为只有自己民族是先进的，"天下大同"就是用中华文化去同化世界。我们现在应该在"各美其美"的基础上，逐步达到"美人之美"和"美美与共"，逐步形成全人类共同价值，最后达成所有国家、民族和文化的"和而不同"、讲信修睦、共同发展的人类命运共同体。

为此，新时代君子，必须建立以下观念：

一、平等看待世界不同国家、民族和文化

我们要弘扬全人类共同价值，构建人类命运共同体，首先必须平等地看待世界不同国家、民族和文化，认识到国家不分大小，民族不分优劣，文化各有价值。人类文明进入21世纪，尽管世界在政治、经济、文化、信息等方面日益联结在一起，全球化成为一种现实生活状态，世界大同具有了前所未有的有利物质条件。人类文明形态是丰富多彩的，每一种文明形态都是人类文明的有机组成部分，都是对人类尊严的证明，都是对人类文明进步的贡献。习近平主席在亚洲文明对话大会开幕式上的主旨演讲中指出："每一种文明都扎根于自己的生存土壤，凝聚着一个国家、一个民族的非凡智慧和精神追求，都有自己存在的价值。人类只有肤色语言之别，文明只有姹紫嫣红之别，但绝无高低优劣之分。认为自己的人种和文明高人一等，执意改造甚至取代其他文明，在认识上是愚蠢的，在做法上是灾难性的……我们应该秉持平等和尊重，摒弃傲慢和偏见，加深对自身文明和其他文明差异性的认知，推动不同文明交流对话、和谐共生。"当前，某些西方资本主义国家执迷于文明冲突的认知偏误、习惯于例外和优先的心理优越感，对新兴国家持极端排斥、遏制的态度，企图以资本主义国家的经济优势、军事优势、同盟优势和话语权优势等继续维持其世界霸权和主宰地位，无所不用其极地运用新的冷战、经济制裁、政治渗透、技术封锁、军事干预、武力威慑等手段来阻止其他文明形态的发展和复兴，不惜以逆全球化的各种操作阻止人类文明进步潮流，给世界的和平发展、公

平正义等带来极大的不确定性、风险性和破坏性。这告诉我们，人类文明进步的成果有可能异化为阻碍甚至摧毁人类文明发展的能量。这一严峻的挑战，既是人类文明进步面临的共同威胁，也是实现中华民族伟大复兴面临的严峻挑战。我们对此必须有清醒的认识。不管今后还会面临多大困难，我们都要大力弘扬全人类共同价值，构建人类命运共同体。

二、首先把中国的事情办好

中华文化传承五千多年没有中断，形成了"和衷共济""和而不同"的"和合"文化以及"兼济天下""天下为公"的"天下"情怀，成为全人类共同价值和构建人类命运共同体的宝贵资源。不过，从千年的历史长视角来看，从北宋建立到1840年鸦片战争爆发，其间元、明、清虽然都不失为当时世界上的强大帝国，在政治、经济、社会、文化、科技等方面也都有新的发展，但在后来的中西实力对比中，却呈现出一条加速的下滑曲线，直至成为西方殖民主义列强奴役、掠夺、瓜分的对象。究其原因，主要在于尊崇王道与实现富强的关系没有处理好。中华文明尤其是作为思想主流的儒家文化尊崇道义，追求王道善政，强调以德治国、以德化人、重义轻利、尊理抑欲，甚至主张存天理灭人欲，忽视和拙于国家财力、财政、财源的谋划、设计、开发，偏重于心性修养，轻视经世致用之学，荒疏于救世济民、富国强兵的实践，以致国计、国防、民生缺少制度性的平衡和保障机制，国家常常处于治乱兴亡的漩涡而不能自拔，文明成果不容易积累以及向更高层次进化，使王道追求常常流于空谈和想象，并且导致主张富国强兵的思想与实践常常遭到顽固的阻碍。这是中国传统政治思想内蕴的根本矛盾。中华文明之所以会在世界文明转型的门槛上徘徊了几个世纪之久，在诸多历史因素中，固化的王道理想对于国家富强的深刻制约是一个非常重要的因素。

20世纪以来，中国共产党领导中国人民，使国家走向繁荣富强，一举扭转了"三千年未有之大变局"。历史证明，世界上既不存在定于一尊的现代化模式，也不存在放之四海而皆准的现代化标准。中华人民共和国成立后，特别是改革开放以来，我国仅用几十年的时间，以工业化、城镇化、农业现代化、信息化并联式发展，快速走过了发达国家上百年甚至数百年的发展历程，14亿人口全面进入小康社会，进而整体迈入现代化。这将彻底改写现代化的世界版图，在人类发展史上是一个具有深远影响的重大事件。中国式现代化走了一条与西方现代化迥异的道路，这就大大拓展了发展中国家走向现代化的途径。在全面建成小康社会之后，我们下一个目标是在21世纪中叶建成社会主义现代化强国。

"世界百年未有之大变局"既是激荡变革期,又是战略机遇期。在这一大变局中,中国持续快速发展,中华民族伟大复兴不断前进,成为世界格局演变的主要推动力量,使国际力量对比发生变化,推动世界大变局不断向纵深发展。当前国际环境日趋复杂,全球治理体系面临重塑,国际格局加速演变,但深入人心的人类命运共同体理念持续给人类带来新的希望和信心,各国相互依存、加强交流合作的动能依然强劲,和平与发展仍然是时代主题,实现世界大同的美好理想具有广阔的空间和光明的前景。甚至可以说,这个"世界百年未有之大变局"的激荡变革期,为实现中华民族伟大复兴提供了难得的历史机遇。在这样的局势下,中国应优先把自己的事情办好,我们要抓住机遇推进民族复兴大业。中国的事情办好了,才能更多地承担国际义务,促进全人类共同价值的形成,人类命运共同体的理想才有可能实现。

三、君子文化建设的光荣使命

我们继承弘扬君子文化,倡树君子人格,必须落脚于实践,使之蔚然成风,必须与全人类共同价值,与构建人类命运共同体紧密联系起来。这是君子文化建设的光荣使命。

今天,我们提出的人类命运共同体理念,同样是一种需要从当下做起的可实践的。在促进世界和平与安宁、推动共同发展、文明交流互鉴、建设绿色低碳清洁美丽的世界和全球治理等方面,中国进行了坚持不懈的努力,做出了世界认可的贡献。我们相继提出全球发展倡议、全球安全倡议、全球文明倡议,在理论和实践上不断创新与完善。作为追求君子人格的新时代君子,既要有世界的眼光,也必须立足于实际,创造性地做好实际的工作,否则就会流于空想、空谈。

中国古代的君子历来有以天下为己任、与人类共命运的情怀与担当。尽管当时生产力很不发达,科学技术发展水平有限,其天下观也相应受到局限,但古代君子却能有"天下为公"的政治理想,把天下看作一个整体,认为"四海之内皆兄弟也",天下人应该和平共处,共同发展。今日的人类命运共同体理念同样认为世界是一个整体,不可分割。因为人类只有一个地球,各国共处一个世界。习近平主席多次强调,"国际社会日益成为一个你中有我、我中有你的命运共同体";"世界经济的大海,你要还是不要,都在那儿,是回避不了的。想人为切断各国经济的资金流、技术流、产品流、产业流、人员流,让世界经济的大海退回到一个一个孤立的小湖泊、小河流,是不可能的,也是不符合历史潮流的"。这对我们是极富启发性的。对历史最好的继承，就是创造新的历史。如果没有这样的广阔胸怀，只是固守或停留于传统的君子观念，不能与时俱进，就很难适应当今的时代，也很难成为新时代的君子。

君子文化是中华传统文化的精髓，是民族精神的集中体现，也是几千年来推动中华文明生生不息的主要因素。君子文化具有中华传统文化连续性、创新性、统一性、包容性、和平性的共同特征。我们要弘扬全人类共同价值，构建人类命运共同体，应该大力倡树君子文化。君子文化的精髓与以"和平、发展、公平、正义、民主、自由"为内容的全人类共同价值是完全契合的。经过科学阐释、创新发展、大力倡树，君子文化不仅可以在中国发扬光大，也完全可以走向世界，对人类命运共同体的构建发挥重大作用。

附：君子格言俗语集锦

🌼 **阅读提示** 🌼

　　文化的重要功能是以文化人，其最深层的积淀和影响是对人格的培养。源远流长、博大精深的中华传统文化，在漫长的发展历程中不断塑造和培育的一种正面人格，就是被历代中华儿女广泛接受并尊崇的君子人格。中华传统文化树立的伦理规范或美好品德，最终都聚集、沉淀、融入和升华到君子人格上。关于君子的格言，不仅见于古往今来许多典籍，也以俗语形式在人民大众中广为流传。足见君子人格和君子文化在我国根深蒂固、源远流长。熟悉这些格言、俗语，是学做君子的必要修养。为此，本书特分类搜集、介绍部分君子格言、俗语，供读者学习、参阅。

一、仁义济世

天行健，君子以自强不息。（《周易·乾卦》）

地势坤，君子以厚德载物。（《周易·坤卦》）

君子安而不忘危，存而不忘亡，治而不忘乱，是以身安而国家可保也。（《周易·系辞下》）

兵者，不祥之器，非君子之器，不得已而用之。恬淡为上，胜而不美。（《道德经·三十一章》）

君子喻于义，小人喻于利。（《论语·里仁》）

君子谋道不谋食。君子忧道不忧贫。（《论语·卫灵公》）

君子尊德性而道问学，致广大而尽精微，极高明而道中庸。（《礼记·中庸》）

君子之道也，贫则见廉，富则见义，生则见爱，死则见哀。（《墨子·修身》）

言近而指远者，善言也；守约而施博者，善道也。君子之言也，不下带而道存焉；

君子之守，修其身而天下平。（《孟子·尽心下》）

古之学者为己，今之学者为人。君子之学也，以美其身；小人之学也，以为禽犊。（《荀子·劝学》）

夫春树桃李，夏得阴其下，秋得食其实。春树蒺藜，夏不可采其叶，秋得其刺焉。由此观之，在所树也。今子所树，非其人也，故君子先择而后种也。（《韩诗外传》）

国之将兴，必有祯祥，君子用而小人退。国之将亡，贤人隐，乱臣贵。（《史记·楚元王世家》）

君子有二耻：国无道而贵，耻也；国有道而贱，耻也。（《列女传·柳下惠妻》）

君子不以私害公。（汉·刘向：《新序·义勇》）

是以君子任职则思利人，达上则思进贤，故居上而下不怨，在前而后不恨也。（王符《潜夫论·忠贵》）

不以物喜，不以己悲；居庙堂之高则忧其民；处江湖之远则忧其君。是进亦忧，退亦忧。然则何时而乐耶？其必曰"先天下之忧而忧，后天下之乐而乐"乎。（范仲淹《岳阳楼记》）

君子挟才以为善，小人挟才以为恶。（司马光《资治通鉴》）

君子于细事未必可观，而材德足以任重；小人虽器量浅狭，而未必无一长可取。（朱熹《四书章句集注》）

一年之劳，为数十年之利，十年之劳，为数百年之利者，君子为之。君子之为利，利人；小人之为利，利己。（方孝孺《侯城杂诫》）

君子谋国，而小人谋身。谋国者，先忧天下；谋己者，先利自身。盖智者所图者远，所谋者深。惟其深远，方能顺天应人。（张居正《权谋书》）

君子于一虫一蚁不忍伤残，一缕一丝勿容贪冒，便可为万物立命、天地立心矣。（洪应明《菜根谭》）

古之君子功不必自己成，谋不必自己出，惟期分国之忧、除民之患耳。（方苞《与顾用方论治浑河书》）

盖治国家全在知人善任。任得其人，则小人亦可收其力；任失其人，则君子必致枉其才。（方宗诚《俟命录》）

二、慎独操守

君子终日乾乾，夕惕若厉，无咎。（《周易·乾卦》）

司马牛问君子。子曰："君子不忧不惧。"曰："不忧不惧，斯谓之君子已乎？"子曰："内省不疚，夫何忧何惧？"（《论语·颜渊》）

子曰："君子耻其言而过其行。"（《论语·宪问》）

子曰："君子病无能焉，不病人之不己知也。"（《论语·卫灵公》）

孔子曰："君子有三戒：少之时，血气未定，戒之在色；及其壮也，血气方刚，戒之在斗；及其老也，血气既衰，戒之在得。"（《论语·季氏》）

子贡问曰："有一言而可以终身行之者乎？"子曰："其恕乎！己所不欲，勿施于人。"（《论语·卫灵公》）

曾子曰："吾日三省吾身：为人谋而不忠乎？与朋友交而不信乎？传不习乎？"（《论语·学而》）

君子不怨天，不尤人。（《孟子·公孙丑下》）

孟子曰："君子所以异于人者，以其存心也。君子以仁存心，以礼存心。仁者爱人，有礼者敬人。爱人者，人恒爱之，敬人者，人恒敬之。"（《孟子·离娄下》）

君子敬始而慎终，始终如一，是君子之道，礼义之文也。（《荀子·礼论》）

夫君子之行，静以修身，俭以养德。非淡泊无以明志，非宁静无以致远。夫学须静也，才须学也，非学无以广才，非志无以成学。淫慢则不能励精，险躁则不能治性。（诸葛亮《诫子书》）

君子之所贵者，迁善惧其不及，改恶恐其有余。（徐干《中论·虚道》）

岂能尽如人意，但求无愧我心。（刘基）

祸福无常，惟人自招。祸由己作，当由己承。嫁祸于人，君子不为也。（杨慎《韬晦术》）

君子而诈善，无异小人之肆恶；君子而改节，不若小人之自新。（洪应明《菜根谭》）

贤者不炫己之长，君子不夺人所好。（周希陶《增广贤文》）

芝兰生于深林，不以无人而不芳；君子修道立德，不谓穷困而改节。（周希陶《增广贤文》）

三、气节风骨

子曰："君子不以言举人，不以人废言。"（《论语·卫灵公》）

子曰："君子义以为上。君子有勇而无义为乱，小人有勇而无义为盗。"（《论

语·阳货》）

曾子曰："可以托六尺之孤，可以寄百里之命，临大节而不可夺也。君子人与？君子人也！"（《论语·泰伯》）

居天下之广居，立天下之正位，行天下之大道。得志，与民由之；不得志，独行其道。富贵不能淫，贫贱不能移，威武不能屈，此之谓大丈夫。（《孟子·滕文公下》）

故天将降大任于是人也，必先苦其心志，劳其筋骨，饿其体肤，空乏其身，行拂乱其所为，所以动心忍性，曾益其所不能。（《孟子·告子下》）

义之所在，不倾于权，不顾其利，举国而与之不为改视，重死持义而不挠，是士君子之勇也。（《荀子·荣辱》）

君子义死，而不可以富贵留也；义为，而不可以死亡恐也。（《淮南子·精神训》）

君子非仁义无以生，失仁义，则失其所以生；小人非嗜欲无以活，失嗜欲，则失其所以活。故君子惧失仁义，小人惧失利。观其所惧，知各殊矣。（《淮南子·缪称训》）

天不为人之恶寒而辍其冬，地不为人之恶险而辍其广，君子不为小人之匈匈而易其行。（东方朔《答客难》）

君子进必以道，退不失义。（桓宽《盐铁论·非鞅》）

君子之于善也，如好好色；其于不善也，如恶恶臭。岂复临事而后思，计议其美恶而避就之哉！（苏轼《思堂记》）

君子浩然之气，不胜其大；小人自满之气，不胜其小。（薛瑄《读书录》）

大抵天下君子寡，小人多。君子刚，小人柔；君子疏，小人密；君子难进，小人易亲；君子畏名义，小人嗜利便。真如冰炭之不同器，薰莸之不同味。（张英《书经衷论》）

傲骨不可无，傲心不可有。无傲骨则近于鄙夫，有傲心不得为君子。（张潮《幽梦影》）

君子有时而贫贱，小人有时而富贵；君子有时而危辱，小人有时而安乐；君子有时而夭，小人有时而寿。于是昧天理，戕本心，日夜逐逐而不知耻。嗟乎！是但顾目前耳，抑何不即古今君子小人之终而计之乎！（方宗诚《俟命录》）

苟利国家生死以，岂因祸福避趋之。（林则徐《赴戍登程口占示家人》）

四、旷达处世

子曰："君子无所争，必也射乎！揖让而升，下而饮，其争也君子。"（《论语·八佾》）

子曰："君子欲讷于言而敏于行。"（《论语·里仁》）

君子不镜于水，而镜于人。镜于水，见面之容；镜于人，则知吉与凶。（《墨子·非攻》）

孟子曰："君子有三乐，而王天下不与存焉。父母俱存，兄弟无故，一乐也；仰不愧于天，俯不怍于人，二乐也；得天下英才而教育之，三乐也。"（《孟子·尽心上》）

君子行不贵苟难，说不贵苟察，名不贵苟传，唯其当之为贵。（《荀子·不苟》）

君子之道，辟如行远必自迩，辟如登高必自卑。（《礼记·中庸》）

贤而多财，则损其志；愚而多财，则益其过。（《汉书·疏广传》）

君子不为无益之事，不履辱身之行。（王充《论衡·知实》）

汝若全德，必忠必直；汝若全行，必方必正。终身如此，可谓君子。（元结《自箴》）

著书立论，必出于不得已而有言，而后其言当，其言信，其言有用。故君子之言，达事理而止，不为敷衍流宕，放言高论，取快一时。（方东树）

心不妄念，身不妄动，口不妄言，君子所以存诚；内不欺己，外不欺人，上不欺天，君子所以慎独。（金缨《格言联璧》）

海纳百川，有容乃大；壁立千仞，无欲则刚。（林则徐）

五、力学修身

子曰："学而时习之，不亦说乎？有朋友远方来，不亦乐乎？人不知而不愠，不亦君子乎？"（《论语·学而》）

子曰："君子食无求饱，居无求安，敏于事而慎于言，就有道而正焉，可谓好学也已。"（《论语·学而》）

子曰："君子博学于文，约之以礼，亦可以弗畔矣夫。"（《论语·雍也》）

子曰："君子道者三，我无能焉：仁者不忧，知者不惑，勇者不惧。"（《论语·宪问》）

孔子曰："君子有九思：视思明，听思聪，色思温，貌思恭，言思忠，事思敬，疑思问，忿思难，见得思义。"（《论语·季氏》）

孟子曰："君子深造之以道，欲其自得之也。自得之，则居之安；居之安，则资之深；资之深，则取之左右逢其原。故君子欲其自得之也。"（《孟子·离娄下》）

故木受绳则直，金就砺则利。君子博学而日参省乎己，则知明而行无过矣。（《荀子·劝学》）

修身者，智之府也；爱施者，仁之端也；取予者，义之符也；耻辱者，勇之决也；立名者，行之极也。士有此五者，然后可以托于世，列于君子之林矣。（《汉书·传·司马迁传》）

君子不患位之不尊，而患德之不崇；不耻禄之不夥，而耻智之不博。是故艺可学而行可力也。（《后汉书·张衡传》）

众人以顺境为乐，而君子乐自逆境中来；众人以拂意为忧，而君子忧从快意处起。盖众人忧乐以情，而君子忧乐以理也。（洪应明《菜根谭》）

君子之学必好问。问与学，相辅而行者也。非学无以致疑，非问无以广识。（刘开《问说》）

海到无边天作岸，山登绝顶我为峰。（林则徐《出老》）

六、重诚讲信

子曰："君子进德修业：忠信，所以进德也；修辞立其诚，所以居业也。"（《周易·乾卦》）

子贡问政。子曰："足食，足兵，民信之矣。"子贡曰："必不得已而去，于斯三者何先？"曰："去兵。"子贡曰："必不得已而去，于斯二者何先？"曰："去食。自古皆有死，民无信不立。"（《论语·颜渊》）

子曰："人而无信，不知其可也。大车无輗，小车无軏，其何以行之哉？"（《论语·为政》）

子曰："君子义以为质，礼以行之，孙以出之，信以成之。君子哉！"（《论语·卫灵公》）

子张问行，子曰："言忠信，行笃敬，虽蛮貊之邦，行矣。言不忠信，行不笃敬，虽州里，行乎哉？"（《论语·卫灵公》）

君子之言，信而有征。（《左传·昭公八年》）

诚者，自成也；而道，自道也。诚者，物之始终，不诚无物。是故君子诚之为贵。（《礼记·中庸》）

君子养心莫善于诚，致诚则无它事矣，唯仁之为守，唯义之为行。（《荀子·不苟》）

天地为大矣，不诚则不能化万物；圣人为知矣，不诚则不能化万民；父子为亲矣，不诚则疏；君上为尊矣，不诚则卑。夫诚者，君子之所守也，而政事之本也。（《荀子·不苟》）

公生明，偏生暗；端悫生达，诈伪生塞；诚信生神，夸诞生惑。此六者，君子之所慎也。（刘向《说苑·至公》）

虽有仁智，必以诚信为本。故以诚信为本者，谓之君子；以诈伪为本者，谓之小人。君子虽殒，善名不减；小人虽贵，恶名不除。（武则天《臣轨·诚信章》）

七、友善宽容

宁过于君子，而毋失于小人。过于君子，其为怨浅；失于小人，其为祸深。（《管子·立政》）

子曰："君子周而不比，小人比而不周。"（《论语·为政》）

子曰："君子成人之美，不成人之恶；小人反是。"（《论语·颜渊》）

子曰："君子和而不同，小人同而不和。"（《论语·子路》）

子曰："君子矜而不争，群而不党。"（《论语·卫灵公》）

君子莫大乎与人为善。（《孟子·公孙丑上》）

君子之交淡如水，小人之交甘若醴。君子淡以亲，小人甘以绝。（《庄子·山木》）

君子不蔽人之美，不言人之恶。（《韩非子·内储说上》）

且君子小人，貌同心异。君子掩人之恶，扬人之善，临难无苟免，杀身以成仁。小人不耻不仁，不畏不义，惟利之所在，危人自安。（《贞观政要·诚信》）

小人非无小善，君子非无小过。君子小过，盖白玉之微瑕；小人小善，乃铅刀之一割。铅刀一割，良工之所不重，小善不足以掩众恶也；白玉微瑕，善贾之所不弃，小疵不足以妨大美也。（《贞观政要·公平》）

古之君子，其责己也重以周，其待人也轻以约。重以周，故不怠；轻以约，故人乐为善。（韩愈《原毁》）

地之秽者多生物，水之清者常无鱼。故君子当存含垢纳污之量，不可持好洁独行之操。（洪应明《菜根谭》）

八、怡情养性

子曰："质胜文则野，文胜质则史。文质彬彬，然后君子。"（《论语·雍也》）

子曰："君子坦荡荡，小人长戚戚。"（《论语·述而》）

子欲居九夷。或曰："陋，如之何？"子曰："君子居之，何陋之有？"（《论语·子罕》）

君子使物，不为物使。（《管子·内业》）

术正而心顺之，则形相虽恶而心术善，无害为君子也；形相虽善而心术恶，无害为小人也。（《荀子·非相》）

君子乐得其道，小人乐得其欲。（《荀子·乐论》）

孔子曰："夫昔者君子比德于玉焉：温润而泽，仁也；缜密以栗，知也；廉而不刿，义也；垂之如队，礼也；叩之其声清越以长，其终诎然，乐也；瑕不掩瑜，瑜不掩瑕，忠也；孚尹旁达，信也；气如白虹，天也；精神见于山川，地也；珪璋特达，德也；天下莫不贵者，道也。"（《礼记·聘义》）

与君子游，苾乎如入兰芷之室，久而不闻，则与之化矣；与小人游，贷乎如入鲍鱼之次，久而不闻，则与之化矣。是故君子慎其所去就。（《大戴礼记·曾子疾病》）

执拗者福轻，而圆融之人其禄必厚；操切者寿夭，而宽厚之士其年必长。故君子不言命，养性即所以立命；亦不言天，尽人自可以回天。（陈继儒《小窗幽记》）

古之君子，行无友，则友松竹，居无友，则友云山。余无友，则友古之友松竹、友云山者。（陈继儒《小窗幽记》）

天地寂然不动，而气机无息稍停；日月昼夜奔驰，而贞明万古不易。故君子闲时要有吃紧的心思，忙处要有悠闲的趣味。（洪应明《菜根谭》）

风来疏竹，风过而竹不留声；雁度寒潭，雁去而潭不留影。故君子事来而心始现，事去而心随空。（洪应明《菜根谭》）

九、民间俗语

1.君子安贫乐道。

2.君子不与命争。

3.君子不念旧恶。

4.君子不计前嫌。

5.君子不掠人之美。

6.君子不夺人所好。

7.君子记恩不记仇。

8.君子救急不救贫。

9.君子动口不动手。

10.恃强凌弱非君子。

11.君子斗智不斗力。

12.君子不跟狗斗。

13.观棋不语真君子。

14.雪中送炭真君子。

15.君子绝交无恶言。

16.防君子不防小人。

17.来而不往非礼也。

18.先小人，后君子。

19.君子爱财，取之有道。

20.君子一言，快马一鞭。

21.君子报仇，十年不晚。

22.君子争礼，小人争利。

23.小人记仇，君子长志。

24.一言既出，驷马难追。

25.君子求诸己，小人求诸人。

26.君子重名节，小人重名号。

27.知足称君子，贪婪是小人。

28.量小非君子，无度不丈夫。

29.以小人之心，度君子之腹。

30.君子祸至不惧，福至不喜。

31.君子助人为乐，小人落井下石。

32.明人不做暗事，君子不说假话。

33.责人之心责己，恕己之心恕人。

34.君子之交淡如水，小人之交甘若醴。

35.君子乐得做君子，小人枉自做小人。

36.宁给君子提鞋，不与小人同财。

37.有恩不报非君子，忘恩负义是小人。

38.见义勇为真君子，莫以成败论英雄。

39.君子有容人之量，小人存忌妒之心。

40.有事但逢君子说，是非休听小人言。

41.君子之心可大可小，丈夫之志能屈能伸。

42.小人乐闻君子之过，君子耻闻小人之恶。

43.君子忍人所不能忍，容人所不能容，处人所不能处。

参考文献

一、论文类

1.钱念孙：《君子文化与社会主义核心价值观》，《光明日报》2014年6月13日第1版；

2.钱念孙：《君子文化在传统文化中的地位和影响》，《学术界》2017年第1期；

3.钱念孙：《家国情怀的萌生与君子人格的确立》，《江淮论坛》2020年第2期；

4.钱念孙：《从中国传统树人体系看君子人格的普遍价值》，《学术界》2020年第12期；

5.钱念孙：《君子文化是文化强国的源头活水》，《中原文化研究》2022年第1期；

6.钱念孙：《回眸君子文化研究与实践》，《江淮文史》2022年第3期；

7.张其成：《从〈周易〉看君子人格两大特征》，《学习时报》2021年2月5日第6版；

8.臧宏：《说〈论语〉中的"君子"》，《孔子研究》2019年第1期；

9.许宁：《〈论语〉君子人格的文化意象》，《东岳论丛》2022年第9期；

10.周书灿：《孔、孟、荀的君子观》，《南都学坛》（人文社会科学学报）2019年第4期；

11.彭彦华：《君子人格的诠释及其现实价值》，《孔子研究》2019年第3期；

12.涂可国：《儒家君子理想人格的八大社会气象解读》，《学术界》2020年第12期；

13.詹海云：《"慎独"观念的起源和发展》，《四川师范大学学报》（社会科学版）2015年第4期；

14.梁涛：《〈大学〉"诚意慎独"章新解》，《江南大学学报》（人文社会科学版）2020年第4期；

15.马爱菊：《君子证成：曾子"慎独"思想辨析》，《孔子研究》2023年第1期；

16.廖名春：《"慎独"本义新证》，《学术月刊》2004年第8期；

17.王苍龙：《"公民式君子"抑或"君子式公民"——重新思考君子与公民》，《天府新论》2018年第1期；

18.马俊：《论"君子公民"的权利基础与道德边界》，《伦理学研究》2023年第1期；

19.郭萍，黄玉顺：《"君子"人格的政治哲学意涵及其时代转换》，《社会科学战线》2021年第8期；

20.张乃芳，冯丽美：《儒家君子担当境界的四重意蕴》，《现代交际》2023年第1期；

21.孔德立：《学以成君子——儒家君子之学的来源与形成》，《船山学刊》2022年第3期；

22.孙钦香：《着力培育新时代的君子人格》，《光明日报》2018年4月3日第16版；

23.张靖杰：《"中华君子与现代社会"学术研讨会综述》，《衡水学院学报》2018年第6期；

24.李庚香：《新大同论——中华文明视野下的世界大同论》，《领导科学》2022年第7期；

25.李慎明：《中国传统文化与全球化》，《中国党政干部论坛》2002年第1期；

26.孙聚友：《儒家大同思想与人类命运共同体建设》，《东岳论丛》2016年第11期。

27.何君安，闫婷：《从"天下大同"到"人类命运共同体"——兼论中国世界主义政治哲学》，《东南学术》2020年第5期；

28.唐坚：《天下为公，世界大同——以中国优秀传统文化视角辨析人类命运共同体的时代内涵》，《南方论刊》2021年第6期。

二、著作类

1.楼宇烈：《做中国人——楼宇烈清华〈君子〉演讲实录》，东方出版社，2023年；

2.钱念孙：《君子文化：中华文脉的精神内核》，安徽教育出版社，2022年；

3.钱念孙等：《君子格言选释》，黄山书社，2016年；

4.牟钟鉴：《君子人格六讲》，中华书局，2020年；

5.王云路：《君子文化》，浙江文艺出版社，2020年；

6.余秋雨：《君子之道》，北京联合出版公司，2014年；

7.郝兰奇：《新君子教育读本》，国家行政学院出版社，2013年；

8.孙承武，魏伯河：《国家教育简明读本》，黄海数字出版社，2012年。